シルクロード、ひと夏の旅

伊藤 実

梟《ふくろう》社

Kさんへ

目次

装幀・挿画＝著者

I 西安から敦煌へ

西安、時を飛来する人々

ぼくらは西安の、夜市の雑踏の中にいる。

すでに夕刻であった。東洋的カオスとでもいおうか。薄汚れた道の両側に屋台が並び、どの店からも呼び込みの声がかかる。「清心」の看板も目立つ。イスラム教徒のための料理屋である。羊の肉を焼く匂いがどこからか漂ってくる。

市場の通りには、野菜が山と積まれていた。見慣れないものもある。瓜なのだろうか、やたらに細長いいんげんのようなもの。カゴに入れられたニワトリのけたたましい鳴き声。生きた川魚、大きなうなぎ。そのほか見たこともないような魚。

「怪しげなものまで食べるんですね」

ケースケが、大きな目を見開いている。

「足のあるものなら、椅子以外はなんでも食べるっていいますからね」

リキ君が、同意する。

「なんだか、君たちが下痢になったのがわかるような気がするよ」

西安にくる前は、北京で二泊三日滞在している。旅の助走のつもりで、天安門広場や万里の長城を見学した。食事は決まって路地裏の飲食街に行き、庶民の喧騒にまじった。まずケースケがやられ、今日になってリキ君が白旗を揚げた。旅のとばくちにおいてである。しかし、ぼくはいたってなんともない。

「まったく軟弱なやつらめ。日本の若者よ、もっとしっかりしろ」

師匠としては先が思いやられる。

このシルクロードの旅をぼくはひそかに、「猪八戒抜き西遊記」と名づけていた。二人の若者が同行する。リキ君は孫悟空。彼とは今までも海へ山への遊び仲間である。師匠の言動や性癖を知り抜いてくれているところがある。だから一番弟子。その名の示すとおり敏捷性にとんだ力持ちの感がある。如意棒でも持たせれば似合いそうだ。一方ケースケは、東京芸大を目指す三浪目の受験生、ちょっと猫背で、哲学的雰囲気の沙悟浄の役どころに似合いそうである。二人はともに友人の息子たちで、今回のぼくの旅を聞きつけて、計画に乗ってきた。

シルクロードを旅する、ただそれだけで、彼らの冒険心は、熱くたぎったらしい。それはそうだ。「絹の道」なんて、こんな美しい言葉はざらにあるものではない。その「絹の道」にかかわる東西文化の交流、美術遺跡は、多くの日本人のロマンをかきたててきた。奈良はしばしば、シルクロードの終着点ともいわれる。法隆寺や、東大寺正倉院など、日本の古代史を飾る蒼古な輝きは、どこかわれわれ日本人の、心のよりどころの感さえある。

リキ君はおそらく、ユーラシア大陸の半分を踏破するこの計画に、熱い冒険心をたぎらせたのにちがいない。そのために一年ばかりアルバイトに精を出して費用を貯め込んだ。ケースケは、いってみれば将来に向けての美術行脚の旅である。日本の古代文化史に多大な影響を与えた大陸の道を、その若さで見聞してしまおうというしたたかさがある。

かくいうぼくも、長いことこの旅の計画を暖めていた。ユーラシア大陸の西と東を結んでみたい、かつて自分が住んだイタリアまでを歩いてみたい、そんな夢のようなことを考えてきたのだ。

ぼくはその昔、美術大学を卒業すると、すぐに、イタリアに渡った。現代日本の文化が明治維新以降の西洋文明の洗礼を受けるなかで形成されたことはいうまでもないが、なかでも日本の近代美術は西洋美術の影響を最も大きく被るところから出発したことは自明だ。だとしたら、西洋近代の文化の何たるかをつかみとってみたい。その出発点であるルネッサンスの町フィレンツェに身を置いてみたい。そう考えて、ぼくはイタリアに渡った。ぼくは自分のアイデンティティを西洋文明をたずねることから始めた。今になって思えば、まことに若気の至り、汗顔の至り、とはこのことなのだが、ともあれ若い頃の自分はひたすら一途にそんなことを思いつめていたのだ。

ぼくはそのまま五年間イタリアに滞在したが、そのうちに西洋文明のさらにその根幹を知りたいと思うようになった。たとえば十五世紀のイタリア・ルネッサンスは、古代ギリシア・ローマのヘレニズム文化と、それ以降の長い中世を支配してきたキリスト教のヘブライズム文化の均衡と融合のなかで開花した。その西洋文明の二本の柱とはいったいどういう風土のもとで生まれたのか。それを自分の目で確かめるべく、ギリシアやイスラエルの旅を企てた。西洋文明を古い順に見ていったのである。点と点をつなげて線とする、そんな意識が働いていた。

そして時はめぐり、機は熟し、今度は西と東を、線で結びたいと考えた。日本文化の古代史の基層をつくった、古い道のりを歩いてみたい。そんな意識でこの旅の構想を暖めていた。

しかし、その旅は容易なものではないはずだ。最初の打ち合わせで、二人がやってきたとき、ぼくはいったものだ。「本当に行くの、死ぬよ」と。それはあながち、脅しでもなんでもなかった。自然条件の過酷なかの世界は、高度成長をはたした日本社会の常識では考えられないような劣悪さが想定される。単なるロマンティックな冒険心だけでは済まない危険がともなうかもしれない。しかし、リキ君などは、身体を乗り出すようにして、「いいです、行きます」ときっぱりいい切ったのだ。冒険への熱い思いは彼の中で沸点に達しているらしい。ケースケももとよりその気である。一人の長旅というのはつらいものがあったから、大歓迎だった。猪八戒役が見つからないままに、首途となったのである。

『西遊記』のモデルになった玄奘三蔵の目的意識は崇高だった。国禁を犯して、天竺まで、仏教の教義を学びに行くという大事業、大冒険だった。しかしわれわれの旅の意識は、ひと夏を費やして、ともかくシルクロードの前半を走破してみようというものである。西安から、天山南路をカシュガルまで、そこからはパミール高原を越え、パキスタンまでの行程である。仏教の奥義にふれることなどは問題外として、大陸の文化風俗のありようにふれ、日本文化の基層に大きな影響を及ぼした、西方からの文物の到来の歴史の残影をかいまみてみたい。その見聞を通して、なにが感じられるか。それはわからない。周到に準備した調査旅行ではない。いわば出たとこ勝負のような旅である。とはいえ、砂漠を渡り、未開のオアシス都市を縫い、万年雪の高原を越えるのだから、冒険の旅であることは間違いのないところだ。かくして、成田を発って旅は四日目を迎えようとしていた。

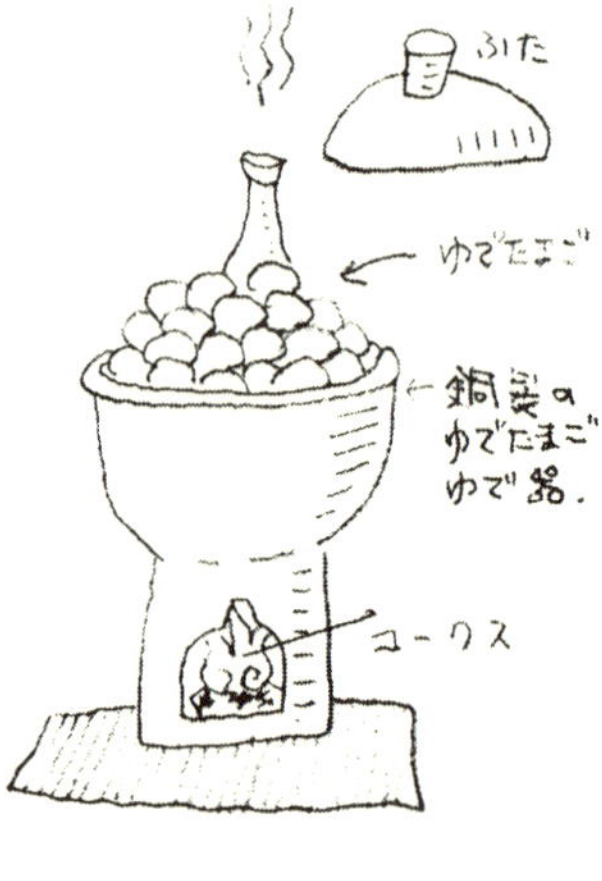

あまたの客引きの声のとびかうなかで、われわれは恰幅のいいおばあちゃんの笑顔につられて、その屋台のテーブルについた。彼女は、わたくし、中国五千年の歴史の末裔として漢民族をずいぶん長いこと生きてきました、というような風格を漂わせている。店先にどっかと座って、呼び込みの声をはりあげていた。厨房には孫にでもあたるのか、あるいは使用人か、三、四人の若い男女が働いている。かまどには赤々とコークスが炎をあげていて、脇には石炭の山。燃料が石炭であるというのも、なんだか感動ものだ。料理を目の前でやってくれるのだから注文しやすいはずだと、なかに入りこみ、あれとこれを炒めてくれるよう頼む。

ところが注文したものはさっぱり出てこなくて、かわりに鍋料理が運ばれてきた。砂鍋と書いてサーゴと呼ぶもので、豚肉とトーフ、さまざまな野菜、マイタケに似たキノコ、そしてカンピョウなどが、熱い湯気のなかで見え隠れしている。これはこれで、下痢の若者には好都合かもしれない。伝わらなかった意思は打ち捨て、たちどころにわれわれの食指は豹変する。そして、これがなかなか薄い塩味がさっぱりしていてうまいのだった。あとは卵のスープとザーサイ、そして啤酒である。

ビールは筆談で麦酒と書いても意味は通じたが、「ピージョ」という。おそらくはこの旅で最初に覚えた中国語だった。テーブルに着くと、なにはともあれ、「ピージョ、ピージョ」と叫ぶのだ。なるほど「啤酒《ピージョ》」は、口に卑しい酒と書くのである。

ぼくらは食事をしながら、店の内外の人の群れに目を奪われていた。通りの向こうには散髪屋があって、そこで働く若い女性三人ほどは、客を求めて外を見ている。ときには艶っぽい視線を送る。しかし客はいっこうに現われず、どこか所在なさそうだ。その前の路上では西瓜売りの露店があり、ランニングシャツ姿の男が、通行人に声をかけている。人々の流れは、途絶えることなくその前を通る。

削麺は
西安が発祥地
らしい。
路上での包
丁さばきに
思わず
見とれる。

すると、むこうからひとめで異貌と見える形相の大男が歩いてきた。長髪は、長いあいだ洗髪していないかのように、バリバリに固まって、まるでカツラのよう。夏だというのに、薄汚れた黒っぽい外套を着て、それが脂汚れでてかてか光っている。両頬はこけ、垢がこびりついて斑状になっていた。ところが、まっすぐに通った鼻筋にくわえて、眉毛はくっきりとし、強靭な意志をあたりに発散している。表情だけみれば、まるで『三国志』か『水滸伝』から抜け出してきた英雄のようだ。ぼくらが驚いたのは、大男の目だった。まだ三十歳ほどの若さだろうか。自らの直感と意志によって、なにものからも拘束されない、俗世のことには頓着せず、自分の気のおもむくままに今までを生きてきたという感じで、その目がすべてを語っている。さほどに澄んでいてきれいなのだ。

彼はなにをなりわいとしているのだろう。風体からしてコジキと結論づけてしまえば簡単だが、それにしても、どのような人生の変遷があのような人間を生み出すのだろう。ぼくらは息を呑むような思いで、大男がテーブルの脇を通り過ぎていくのを見送った。

路上将棋は白熱していた。覗きこんでいると、あっちいけと手ばらいされた。「王手」のときは「ジャン！」という。

西安の夜市で野菜を売る老女。こんな天秤が、まだ活躍しているのを見るのは、なんとなく、うれしいものだ。

「すごいね。ああいう人がいるんだ」

「迫力あったね」

ぼくらの日常で、魂を奪われるように、人に見とれるなんてそうあることではない。シルクロードは奥深いのだと、実感せずにはいられなかった。

ことほどさように、通りを見ていて飽きることがなかった。雑然とした人の往来。男、女、老人、若者。なんという数！　この人々はいったいどこからやってくるのだろう。もしかしたらこの街の長い歴史のあちこちから抜け出して、この時、この場に現れてみせているのではあるまいか。服装だけは今風を装ってはいるが、何度にもわたる戦禍や権力支配と収奪の修羅場をかいくぐって、何食わぬ顔でよみがえり、ここを闊歩しているのではあ

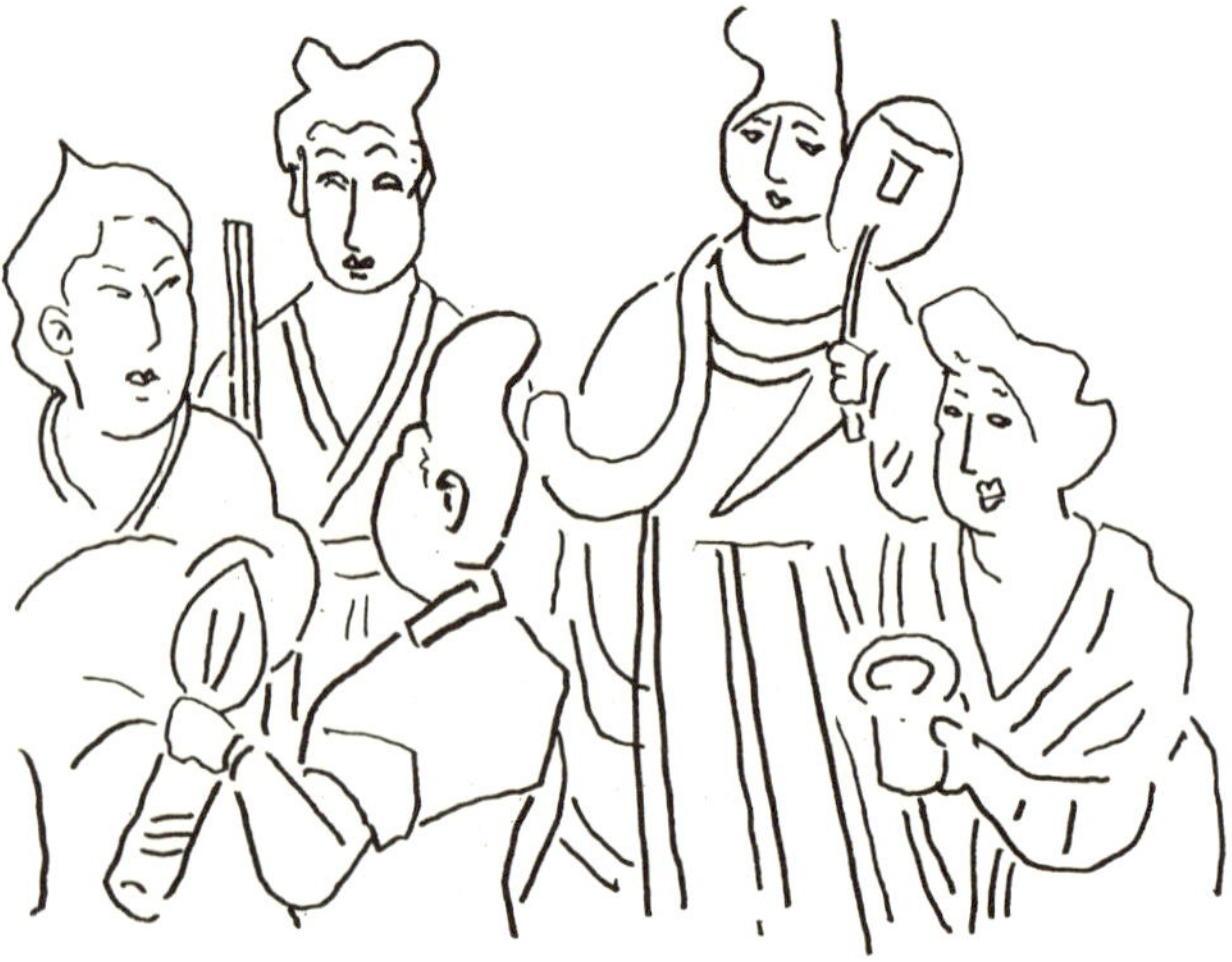

唐王朝の貴婦人たちは、ペルシア文化の大きな影響下にあった。
下ぶくれのぽっちゃりしたのが美人の証しだった。

るまいか。その人々の表情も面白い。喜怒哀楽を内に秘めて、歴史を生き抜いてきたたくましさ、おおらかさ、あるいは狡猾さ、残忍さがこの喧騒の中にうずまいているのだ。見た目にはわれわれ日本人と似ているようでいて、やはりどこか違う。それはなんだろう。島国の歴史とはけたはずれの、大陸の歴史を生き抜いてきたしたたかさとでもいおうか。

その昔、長安はまさに国際都市だった。シルクロードをはるばるやってきた人々と文物にあふれていた。とりわけ唐代の長安は、人口百万人を越える。ローマ、バクダッドと並ぶ、世界の大都市だった。往来にはソグド人を始め、西域方面からの商人や、新羅、日本からの留学生なども交えて、殷賑を極めた。風俗は、衣食住はもとより、音楽、絵画、遊戯にと、胡風、つまり、古代ペルシア文化が全盛を誇った。

往時の盛り場の酒楼では、胡姫たちの姿がいろどりをそえた。ラピスラズリのアイシャドウで化粧をした、金髪緑眼白皙の美人であったらしい。舞姫たちは、大方、西方の種であった。シルクロードをはるばる旅して、この国際都市にやってきたのだ。

鬈《まきげ》の胡児　眼睛《がんせい》緑なり
高楼　夜静かにして　横竹を吹く。
一声　天上より来るに似たり
月下　美人　郷を望んで哭す。

唐代の詩人、李賀の「龍夜吟」と題する詩である。はるか故郷をしのんで美人が泣いている。自らの意思ではなく、献上品として送られてきたのだろうか。唐代に流行したエキゾティシズムの主流であったペルシア文化を髣髴とさせる。そんなラピスラズリ美人は歩いてこないかと、先ほどから通りを見ている。過去の栄華のほんのかすかな残照でもないかと、それとなく探してみるのだが、千数百年を経た現在の通りに、その面影はない。過去の隆盛はこの古都の土ぼこりの下に埋没してしまったかのようだ。

リキ君が中国五千年のおばあちゃんに、支払いを始めた。彼女は相変わらずにこやかで、しかしおつりをくれるとき、左手にタバにして握っている紙幣から、なるべくくたびれたのを選ぼうとする。なるほど中国五千年なのである。

隣りの清心飯店には、自転車に乗せられて、皮をはがれた二匹の羊が運ばれてきた。ここでは秤が活躍する。重さが計られ、支払いがすまされると、すかさず店先で解体の作業が進められる。腹が割かれ、内臓がすばやく取り出される。腸や肝臓が、ごろりと地面に落ちる。ぼくはイタリア・トスカーナの丘のうえで、友人のナイフさばきを何度も見ているが、わが孫悟空と沙悟浄はそうではない。マグロの解体ショウなら見たことがあるかもしれないが、こんなのは初めてであるらしい。若い男のナイフさばきを、立ちすくむようにして眺めている。ユーラシアの東のはてから西まで向かう、その起点である西安の夜に、象徴的な光景かもしれない。

シルクロードを、パキスタンまでたどりつくそうとする旅が始まる。その後は空路イタリアまで飛ぶ。トスカーナの酪農家の友人は五百頭の羊を飼っている。その乳から作るペッコリーノ・チーズと、彼の大地が生み出すブルネッロの赤ワインがめあてだ。それなら飛行機で行けばいいではないかといわれそうだが、むろん旅はあっちによれ、こっちによれる、地を這うようなプロセスが大切なのである。

カメラを向けると、若い男は満面の笑みを浮べて、ナイフを握りなおした。羊には最初から首と足首はない。

兵馬俑、始皇帝の呪い

いまから二千年前、始皇帝は中国を統一し、華麗な宮殿、阿房宮を建て、万里の長城にも着手し、ついで自らの陵墓もつくらせた。

西安ではその陵墓の地下にひろがる兵馬俑をみておきたいと思っていた。われわれはミニバスの乗客となった。

ここにくる途中、ガイドは走るバスの窓から小山のような丘を指さして、あれが始皇帝の墓陵だといった。それは緑に覆われたただの小山にしか見えなかった。ガイドの男は「のぼってみるかい」と乗客たちに水を向けたが、カナダ人客が即座に「ノー」と声をあげた。確かにのぼっていったとしても、ただの小山にすぎなかっただろう。なぜなら、いまだ発掘が行われていない、つまり観光スポットではないのである。

人々の関心の先は、その地下墓宮の中身である。司馬遷はその造営の様子を『史記』にこのように書いている。

「始皇帝は、天下を統一すると、徒刑者七十余万人をおくりこみ、墓を作らせた。地底深く三たび地下の水脈に達するまで掘らせ、下に銅板を敷いて棺をおさめるようにさせた。始皇帝を埋葬するにあたって、墓には宮殿、望楼をつくり、文武百官が侍る席をもうけた。そして塚を掘って墓に近づくものがあれば、それを殺すための機械仕掛けの弓矢を作らせた。また、水銀をそそぎ流して河や海とした。上には天文をそなえ、下には地理をそなえて、人魚の油をたいて火をともし、永久に消滅しないように工夫した」

おそらく司馬遷が書き記したような世界が、あの小山の下には眠っているのかもしれない。『史記』の記述は、あながち誇張ではなさそうである。その証拠に、この兵馬俑の発見に伴い、中国の考古学者、歴史家、地質学者たちが、何年にもわたり、この陵墓の小規模な発掘と調査を繰り返してきた。そしてこの地域の土の水銀含有量が、その周辺の土地に比べて、異常に高かったことなども報告されているからである。

七十万人もの労働力で、三十九年間も造営が進められながら、始皇帝の死の際にも、この陵墓は完成されていなかったという。最近の測量の調査では、その規模、封土の底辺は、南北に五百十五メートル、東西に四百八十五メートル。全面積は二十五万平方メートルに達するという。兵馬俑坑は、もちろんこの面積の中には含まれていない。全世界でも、あのピラミッドをもってしても、これに比肩するものはないらしい。一九六一年、中国政府は、始皇帝陵を全国最初の一級国宝として認定している。しかしその発掘には、まだ相当の時間がかかりそうである。

その陵墓を守るためにつくらせたのが、この兵馬俑坑である。今から二十数年前に一人の農夫が井戸を掘ろうとして発見し、そのとてつもないスケールで、世界の人々を驚かせた遺跡である。

兵馬俑。正式には秦の始皇帝兵馬俑坑博物館。

兵馬俑一号坑は、体育館のような建物で、まずその巨大な空間に圧倒される。入口から入っていったわれわれに向きあうように、おびただしい兵士や馬や戦車などが、規則正しく並んでいる。

本来なら、東側には横三列の先方部隊が形成され、その後ろに、甲冑部隊が戦車とともに続く。南、北、西には、また弓矢を持った武士俑が翼衛隊を形成している。それらすべてが二キロ離れた帝陵の方角を向いている。なお慎重に発掘作業が続けられているとみえて、今まで発掘されたものだけで六千余。ところどころはまだ手つかずの土の塊のところもある。ちょうど溝を掘った何すじものところに、同じ背丈の兵士たちが三列になって並んでいる。

順路は左まわりに、「口」の字型にぐるりとまわる。体育館のむこう半分ほどは、なお遺物が地中に埋もれているせいか、公開されていない。したがって体育館の中央あたりを横切るかたちで、ぼくらは順路を進んだ。横六十メートル、奥行きは百二十メートルあるという。

巡路のほぼ中央にきて、写真を一枚撮った。もちろん撮影は禁止されている。

ぼくのカメラはバカチョンだから、オートマティックにフラッシュが光ってしまう。しかしねらった被写体までの距離を考えればフラッシュはなんの効果もない。どうせロクに写りはしないだろうと思いながら、シャッターを切った。

ケースケのカメラは、旧式のもので、ただ露出を合わせれば、カメラを構えるようなこともせず、なにくわぬ顔で、指先だけでことが足りる。彼も一枚撮った。

看視員の兵隊が、入口正面の階段を下りたところの一段高くなったところで、目を光らせているのだが、なにしろ館内は広く、見物客は大勢である。われわれのみならず、これでは誰であれ一枚パチリとやりたくなるはずで、ときおり周囲で、フラッシュがたかれたらしい閃光がおこっている。

一度、二度でやめておけばよかったのに、巡路の終わりにきて、兵士たちのクローズアップが欲しくて、三枚目を撮ろうと思った。しかし若い兵士の看視の目が気になる。

「おい、ケースケ。ちょっとそのまま、そこに立っててよ」

彼の陰に隠れてパチリとやった。それと同時に、スローモーションのような時間が始まった。若い兵士が

ケースケの陰にかくれてパチリとやる。とたんにスローモーションのような時間が始まった。若い兵士がゆっくりとこちらにやってきた。

顔を硬直させて、ゆっくりこちらに近づいてくる。

あ、まさかおれじゃないよなと、なお安穏なことを考えながら、しらばくれて会場の外に出てしまおうと思ったが、彼はまっすぐにぼくのところにやってきた。

彼がなにかいった。フィルムをよこせというようなことらしかった。なお知らんぷりで逃げてしまおうと歩き始めると、彼は手で制止した。こちらが応じないので、カメラを取ろうとしたが、身体をよじってそれに対抗する。いうことを聞かない外国人に業を煮やした彼は、ぼくについてくるようにいった。

これ以上感情を害するのもまずいと判断し、ついていく。兵士が最初に立っていたところへくると、彼はテーブルにある電話で、受話器を取ってなにやら話している。

一段と高くなった巡路の手すりから、リキ君とケースケが、ことのなりゆきを見おろしている。

「あのね。先に行っててよ。大丈夫だから」

大丈夫なわけはないのだが、彼らに声をかけた。

「それじゃあ」といって、ケースケは順路を進んだが、リキ君は残るつもりらしい。

何度か電話がかけられたが、なかなかめざす相手がつかまらないらしい。待たされるあいだ、ぼくは改めて遺物の兵士たちをみおろした。

ぼくを捕まえた兵士は小柄だが、始皇帝の兵隊たちは、どれもが大男の偉丈夫ぶりである。身長百八十センチほどか。勇猛な顔付きで、髭などはやしている。表情はすべて異なる。中にはどこかかけているものもあるが、どれひとつとして同じものはない。最初に発見されたとき、兵馬は、彩色されていたという。それが酸化作用により、今ではほとんど色が剝離し、素焼きの状態になっている。

かつて、アメリカ合衆国大統領レーガンもここにやってきた。彼ら夫妻は賓客であったから、俑坑に下りて見学することが許されたらしい。等身大の陶俑の間を歩き、陶馬の前で足をとめると、彼は「さわってもいいか」と、たずねたという。案内の係官は躊躇したが「どうぞ」と答えた。大統領は陶馬の背中にそっと手を置き、次第に後ろのほうに移動すると、馬の尻に触った。そして突然手をはなし、「蹴られることはないかね」と澄ました顔で聞いたという。お付きの人々は大爆笑だった。

これを香港のマスコミは、写真つきで「レーガン大統領、中国人の尻に触る」と新聞の見出しにしたそうだ。冷戦関係にあった両国が、接近

おびただしい数の兵士たち。そして馬。首のないもの手首のないものもあるが、兵士たちの表情は全て異なっている。共通しているのは猛々しい面がまえであることだ。

を開始した頃のエピソードである。尻に触るとは、中国語で、機嫌をとるという意味らしい。

やがて、上官とおぼしきその男が現れたとき、ぼくはいささかうろたえた。

男は兵馬俑から抜け出てきたようながっしりとした大男だったのだ。平服でなにくわぬ風を装ってゆっくりやってきたが、その鷹揚さがかえって威厳を増幅させているかのようだった。彼はゆったりとしたものいいで、部下に何か持ってくるように命じた。部下は命令に敏速に対応した。それは英文でタイプ印刷された、かなり古くなった一枚の紙片だった。上官はそれをぼくに示し、やはり鷹揚に四百元の支払いを命じた。

こんな事態でゆっくり英文を読んでいる気もなかったが、数字だけが目に入った。

「二百元て、書いてあるじゃないか」

「いや、おまえのケースは、そこじゃない、こちらに該当する」

どうやら項目の二番目らしい。みると二百から四百元とある。

「どうせ暗くて写っちゃいないんだ。二百元にまけてよ」

すると彼は、撮ったのは一枚だけだなと念をおして、あっさりと三百元にまけるといった。もうひと声、「二百元!」といいたいところだったが、あまりごねて、感情を逆撫でするのも得策ではないと判断し、手をうつことにした。

以上の会話は、英語でのやりとりではないのだが、どうであれ、こんな感じなのである。

やれやれ、三百元という大金。撮ったのは三枚だから、一コマ百元の計算になる。三百元といえば、一週間ぐらいは旅ができる。そんなことをちらちら思いながら、リキ君の待つところにもどりかけると、若い兵士は、今度は別の旅行者から、フィルムをまきあげているところだった。

先の大統領の話だが、彼は、終始上機嫌で、関係者に愛想をふりまいた。最後は夫人と手を組んで、俑坑を上がり、出口に向かった。そして出口のところで、突如振り向くと、兵馬俑たちに向かって、大声で叫んだそうだ。

「解散！」

現代の西側の最高権力者のひとりが、東の古代の独裁者の、その妄想から生まれたこれらの太古の兵隊たちに向けて発した言葉である。人類の歴史をひとまたぎするような壮大なスケールを感じておもしろい。

なぜかそのことを思い出した。それで、ぼくも振り返った。

「二千年前の諸君らに払う罰金が三百元では高すぎる。あと百元負けろ」

しかし、ぼくの声は小さかった。

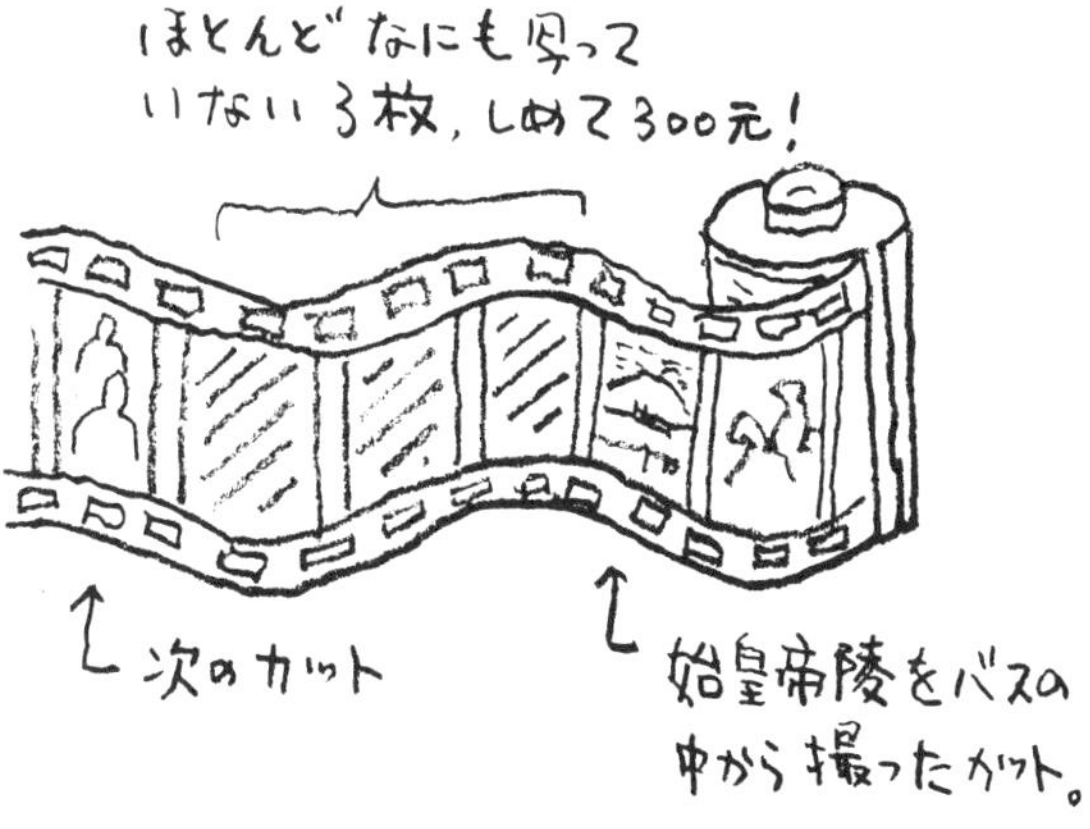
ほとんどなにも写っていない3枚，しめて300元！
次のカット
始皇帝陵をバスの中から撮ったカット。

居ならぶ兵士たちのいかつい顔と、あのクソ真面目な若い横顔、老獪な上官のポーカーフェイスが重なって、いつまでもぼくの眼の裏を去らなかった。まんまと大金を巻き上げられたことも悔しかったが、それ以上に長いこと憧れてきた「わがシルクロードの旅」の出鼻をくじかれたような思いだった。

ちくしょう。こんなのシルクロードじゃない。この場所はシルクロードじゃない。少なくともこれはぼくらのシルクロードの世界ではない。自分の非行はとりあえず棚に上げ、わがシルクロードの物語はこれから始まるのだと、自分にいいきかせていた。

それにしても、始皇帝とは、なんという男であろうか。数日前に見た万里の長城といい、墓陵のほんの一部にすぎないというこの巨大な兵馬俑坑といい、二千二百年以上も昔の、ユーラシア大陸の東に出現した絶対君主の桁外れの想像力には絶句するしかない。十三歳で即位し、中国全土を制圧し、自らを始皇帝と名乗り、焚書坑儒を行い、文字や貨幣を統一し、圧倒的な軍事力の下に全国を三十六の郡に分け、その下に県を置いて、全て中央から派遣した役人に治めさせた。

政治的には現実主義者であった彼も、死後の世界に対する執着は尋常ではなかった。神仙を信じたために、不老不死を願い、自ら仙人になろうと欲した。いや、現実世界を思うがままにしたがゆえに、死後の世界をも、自分の権力で何とかしようと考えたのか。それにつけこんだ方士徐福は始皇帝から大金を巻き上げ、蓬莱山があるとされる日本に渡ったといわれる。いわゆる「徐福伝説」である。

兵馬俑の兵士たちは立っているもの
ばかりではない。この男は、きっと弓
をひいていたのだ。

始皇帝の呪いともいえる情念が、古墳墓からこの現代に、あの大男を送ってきたのではあるまいか。蓬萊山などあるはずもない極東の島からやってきた平民の、おそれを知らず写真を撮った不埒な行為を懲らしめるために。

恐るべし！秦の始皇帝!! 二千二百年以上も昔の、ユーラシアの東に出現した絶対君主の桁外れの想像力にはただ絶句するのみだ。

大雁塔は、少し左に傾き

西安は古い都である。そして日本の古代史に深く関与している。

中国が隋、唐の時代、当時この国際都市が、まだ長安と呼ばれていた頃、飛鳥・天平の大和朝廷は遣隋使に続き、遣唐使を派遣した。政治的には律令制を導入し、文化的には仏教思想の流入を図った。いわば日本の歴史の基層を形成するのに長安は大きくあずかっている。

最澄、空海はここで学び、興慶公園内には、この地で客死した阿倍仲麻呂の記念碑も建っているという。古代の日本からの留学生たちにしてみたら、新しい国家建設に心を熱くして、決死の覚悟で海を渡ったのだ。草深い田舎から大都会に出てきたような、驚嘆の眼《まなこ》で眺める世界がこの地にはあったものかと想像する。慈恩寺、薦福寺、興善寺など、市内にはあまたの古寺名刹が残る。なかでも慈恩寺は、あの玄奘三蔵が、インドから帰国後に、サンスクリット語の仏典の漢訳に励んだところとして知られている。その仏典を保存するために塔が建てられた。それが再三の破壊や火災を経て、今日、西安のシンボル的存在として残っている。大雁塔である。

これからシルクロードを西にむかおうというわれわれにとって、なにはともあれ、足をのばしておきたいところだった。ケースケは地図を広げ、タクシーの運転手に指で行き先を告げた。旅は動き始めていた。ぼくは若者二人に仕事を分担していた。リキ君は三人共通の会計係とし、ケースケはタクシーの料金折衝係である。彼は小さな中国語会話の本を持ってきている。ここ数日で簡単な中国語を話し始めていた。

　タクシーは小路を一度二度、右に左にまがると、南大街という大路をひたすらまっすぐに南下していた。時間にして十分ほどか。行く手に城郭がみえる。灰色の石を積み重ねた城壁が中心部をぐるりととり囲んでいる。東西に約三・五キロ、南北に約四キロという長さである。

　日本には、街そのものを城郭で囲むという必要性は生まれなかった。国外からの侵略は稀有だったし、国内の戦争も、世界史に見ら

「大雁塔までいくらあるか？」「50元ある」
「それ、高すぎるある。もっと安くしろある」
ケースケは、きっとこんな調子で、タクシーの
料金交渉をやったのである。

れる異民族同士の戦いに較べれば、それほどまでに壮絶悲惨ではなかったのである。ヨーロッパや中近東の古い街を歩いてみても、街はぐるりと城郭によってとり囲まれているのが常である。日本列島が、過酷な世界史とはひとつ隔たったところで、比較的温和な歴史を刻んできたのだと、改めて思わざるを得ないのだ。


大雁塔は少し左に傾いてみえた。七層平面の方錐状で、上にいくほどせばまっている。壁はレンガ積みというのだが、泥土を塗りたくったような渇いた黄土色をしている。

「いかにも、シルクロードって感じだな」

「ふーむ、ロマンを感じる」

ケースケが塔を見上げてなにやら感じいったふうにいうと、リキ君がまぜ返した。

「おまえ、本当は日本に帰りたいんだろ」

北京や西安のホテルから、彼は何度か日本に電話を入れている。異郷の地への初めての旅で、どうやら家族からコレクトコールをしろと、厳命されているらしいのだ。そうと察したぼくとリキ君は、北京から西安に飛ぶ飛行場などでも、帰るなら今がチャンスだと、挑発していたのだ。

「いや、意地でも行く」

彼はからかわれているのを知っていて、それにノッている。

入場料を払い、ほかの観光客といっしょに境内に入った。本堂では読経が行われている。

本尊の仏像はわれわれが日本で見なれているものよりは、動的だった。日本の仏像彫刻の坐像が左右対称のシンメトリックで、左右の手だけが微妙なバランスの静的なものを伝えているのに較べ、ここのはより躍動感がある印象である。

その像を前にして七名ほどの僧侶たちが、最年長とおぼしき老僧を中心に、ドラや鉦《かね》を鳴らしながら、経をとなえている。色とりどりの法衣をまとった僧侶たち。このあたりも日本の儀式よりは派手である。日本の仏事が謡曲に合わせたお能風だとしたら、こちらのそれは、爆竹を派手に鳴らした京劇風とでもいいたい感じである。しかしおおむね、両者の作法は似ている。それだけ、日本仏教は古代中国仏教の影響を受けたにちがいないのだ。ふと気がつくと、なかの一番若い坊さんの法衣の下に、白いTシャツが見えていた。

僧侶たちにとり囲まれるようにして、平服の青年が、二、三の家族とともに、熱心に祈っていた。まさか俗世を捨ててこれから仏門に入ろうというのではないだろう。成就祈願の寺まいりという感じである。日本の寺院のように畳敷きではなく、床には大きなクッションが置かれ、そこにひざまずいて地面にひれふしている。仏像がより動的であるのは、この生活様式の違いにも関係があるのかもしれない。

そのまわりを観光客がとり囲み、両側の壁には、これも躍動的な極彩色に塗られた阿修羅の塑像が並んでいる。

そんな宗教空間にいながら、それにしても、中国という国は、非宗教的な社会だなと思う。ヨーロッパを歩けば、どんな小さな村に入りこんでも、そこにはキリスト教の存在が人々の

大雁塔は シルクロードの旅の出発点としては、
やはり ぴったりと絵になるような気がする。

生活のたたずまいや風景に何らかの影を落としている。教会や、聖母マリアの壁のレリーフなどがいつも身近にあるのだ。中近東を歩いたときも、そこにはイスラムの影が色濃くさしていた。モスクがあり、コーランの読経が塔（ミナレット）に取り付けられた拡声器から流れている。タイのバンコックでは、仏教寺院が託児所や学校などの役割を担っていた。生活のなかに深く根ざした宗教の力を思う。ヨーロッパのキリスト教、中近東のイスラム教、東南アジアの小乗仏教。

ここ数日の滞在経験でしかないのだが、それが中国では感じられないのだった。北京や西安という新しい都市空間の成り立ちは、性急な近代化に振り回されているのだろうか。それとももともと中国の政治や文化の歴史のなかに、熱い信仰をともなう宗教は根を下ろしてこなかったというべきか。いずれにしても、中国的な伝統を感じさせる宗教的な雰囲気は希薄であり、仮に古い部分にそれが散見できたにしても、それは他国でみられるような信仰的磁場から生まれているとは感じられないのだ。むろん、仏教寺院はあるし、清心寺と呼ばれるイスラムの寺院もみることができる。しかしそれはそれだけのもので、彼らの生活のなかには、ヨーロッパや中近東で感じるほどの宗教的な匂いは希薄なのである。宗教空間は、いわば寺の中だけに隔離されているという印象なのだ。

それではどんな匂いがあるのか。仏教以前の儒教や道教の思想を、その底辺に指摘することはできるだろう。そうかもしれない。しかし、それは信仰という熱気を伴って、生活や文化のおもてにあらわれてはこないのである。中国を経て仏教思想を受け入れながら、もともと多神教的な多くの神々が住まう日本の信仰風土ともそのあたりはよく似ている。似ているというより、あまりにも中国の思想と文化の影響下にわれわれの歴史は長い時間を経たということだろうか。

読経の声がなおもひびいている。宗教は教義だけでなく、儀式化されたセレモニーを強制する。若者とその家族は、その儀式に従っている。ひれふす彼らは、しかし素顔の中国人からすれば、むしろ特異な空間のなかにあるように思える。

本堂を抜けると、その奥にはひとまわり小さな仏殿があった。観光客の数もまばらである。リキ君とケースケに声をかけた。

「ここをシルクロードの出発点としようぜ。旅の無病息災を祈って、三人でおまいりしようじゃないか」

右にリキ君、左にケースケ、仏像の前に立った。ポケットから、シワシワの紙幣を取り出し、賽銭箱に放り込んだ。例の中国五千年のボロ紙幣である。なにやら芝居じ

旅の無病息災を祈って、三人は殊勝にも、仏像に手をあわせたのだが、賽銭は、中国五千年のボロ紙幣なのであった。

みてはいるが、それからやおら、手をあわせた。

「やっぱり、一人一言、なにか、願いをかけないといかんな」

「それじゃ、えーと、……早く下痢が治りますように…」

リキ君がいった。

ケースケはとみると、ただ無言で手を合わせている。やっぱりここは、来年の春、晴れて大学合格というようなことになるのだろうか。

「早く三百元のもとがとれますように」

兵馬俑でまきあげられた罰金がまだくやしくて、ぼくはそんなおろかなことをいった。


大雁塔の入口にきて、その高さ六十四メートルというそびえたつ建造物を見あげる。

入口の上には、黒曜石だろうか、黒地の石版に白い線描で、阿弥陀仏が細密に描かれている。

塔のなかは薄暗く、土とほこりとカビの匂いが混じり合っていた。手すりのついた木製の螺旋階段は、一段上るたびに、ギギ、ギギーッと鳴った。「口」の字型に一層ずつ上るたびに、四方の

明かりとりの窓から、外を見下ろす。すると、土とほこりとカビ以外に、この空間には別の匂いもあるように思った。長安の七世紀以降の時間の堆積とでもいおうか。玄奘三蔵を始めとする多くの高僧たちが、ここに居留した。はるばる日本からきた最澄や空海も、この階段を上ったかもしれない。彼らの体臭や息吹までもが、この場所の空気に染みこんでいるのではあるまいか。歴史に匂いがあるとしたら、こんな感じかと思える。

階が上に行けばいくほど、空間は狭くなっていき、それとは逆に、視界は広まっていった。ついに最上階に達する。

北をのぞめば西安の街、東を見れば、日本の方角である。南を見れば、西安の郊外、そして西を見やれば、ユーラシアのはてしない大地のひろがり、われわれがめざすシルクロードの方角である。近くに目を転ずれば、眼下には巨大な地蔵菩薩のようなものがみえ、そのむこうには、緑の木々の点在するなかに市街が続く。さらにそこは工業地域なのか、シルクロードらしさとはうらはらな、クレーンや煙突が林立している。そして、さらにそのむこうは、大地と空の境界が、漠として黄土色にかすんでいるのである。

古代において、インドで生まれ、この中国に伝わり、朝鮮半島を経由して日本に流入した仏教文化は、日本の風土のなかで独自に醸成され、日本文化の中核に大きな影響を与えた。中国同様、二十一世紀の今では、往時の宗教的熱気は見る影もないが、千数百年後の今日に至るまで、われわれは依然として、仏教が根を下ろしたさまざまな習俗のなかにある。まさにあの黄土色にかすむ頼りなげな大地の向こうから、それはやってきたのである。

このユーラシアの大地は、絹の道、シルクロードを唯一の交通路として長く世界史の主要な舞台であり続けた。書籍や文献に残る壮麗な絵巻物のような歴史、またそうではない、耳には届いてこないような小さな声の、累々とした民草たちの営みの歴史もそこには埋もれているのである。それらの無数の歴史の形骸が、塵となり芥となって、このむこうの茫漠とした空間に堆積し、われわれを待ち受けているにちがいない。

「いよいよだな」

「もう引き返せないぞ。ケースケ」

「そう、三人でお祈りもしたんだからな」

「絶対、行ってやる」

ケースケはそう答えると、しばし言葉もなく、窓のむこうを眺めていた。ケースケをからかいながらも、もう引き返せないのは、ぼくもリキ君も同じだった。

蘭州、黄河のほとりで

黄河とともに発展してきたといわれる蘭州は、甘粛省の省都、人口二百万、現在では中国北西部随一の新興都市である。工業都市としての発展を狙ったこの省都も、しかしいまや国有企業の倒産に苦しみ、リストラの嵐が人々の心を揺さぶっている。ガイドブックにも、ガラのよくない町と書かれていた。

西安から夜行に乗りおよそ六百キロ、われわれはここで乗り継いで、今夜もまた夜行にゆられ河西回廊を西に向かう。だが列車の出発時間までにはしばらくの余裕がある。なにはともあれ、黄河の川べりに立ちたかった。地図で目星をつけ、タクシーを飛ばし、大きな橋を渡ったところで降りた。

土手に登ると、目の前に茶色い巨大な水の流れがあった。川幅は二百メートルほどあるだろうか。たっぷりとした水量の、しかも驚くほど急な流れである。対岸は、新興工業都市らしく、新しいビル群が建ち並び、「大黄河」のイメージにそぐわない。

土手を降り、水ぎわに立ってみる。川原はけして美しいとはいえなかった。なにしろ何であれ、不要なものはぽいぽいと捨てるお国柄である。夜行列車の床に撒き散らされたゴミや食べかすには驚かされたが、スイカの皮くらいならまだしも、ここではコールタールのたれ流しなど平気のようだ。大規模ではないが、ここには油田があり、突き出た煙突から常に炎と煙が出ている。石油化学コンビナート産業が発達しているのだ。規制も厳しくないものと察せられた。これでは自然の大河、黄河の名が泣くというものだ。

水をすくってみる。両の掌のなかで、水がゆれ、小さな小さな砂塵が舞った。改めて濁流の流れの速さを感じる。迫力がある。ぼくらの知っている川のイメージとはまったく異なるのだ。ケースケがあちこちに、カメラのアングルを求め、川原をいったりきたりしている。涼風が川を渡ってきて、気持ちがいい。石に座って、しばしタバコをふかした。

水面に思念を重ねる。

この地までくる途中、列車の窓から見た中国の大地は、いたるところ禿山だらけだった。トウモロコシや麦畑が続くかと思うと、むこうに遠望できる山の連なりには、樹木が一本もないのである。山は土色をしていて、緑がない。ひとつの山が雛壇状の畑になっていて、それは山頂にまで続く。つまり丸ごと段々畑になっているのだ。日本では見られない光景である。しかしその一帯こそが、黄河文明の発祥の地、黄河の支流のひとつ、渭水流域なのだった。まさに中国の大地なのである。人類が古代から大地と関わって生きてきた黄土高原なのだ。

そういえば、先日の兵馬俑見学の帰路、観光バスはもうひとつの観光スポット半坡《ばんぽー》博物館にわれわれを連れて行った。仰韶《ぎょうしょう》文化といわれる新石器時代の村落遺跡が保存展示されていた。

黄河の流れは驚くほどに速い。そしてその名のとおり、本当に黄土色をしているのだ。

紀元前四千年から二千五百年頃まで続いたとされるもので、このあとに龍山文化、殷文化が続く。周囲に堀をめぐらした集落の住居形態がよくわかり、家畜小屋や穀物の貯蔵庫の跡も見られた。甕棺や土器も発掘され、復元された家屋もあった。地面に穴を広く掘り、そのまわりに柱を丸く組み、さらに泥を塗って壁をつくった住まいだ。

「これならおれたちにもできそうだね」と、リキ君にいうと、アウトドア派の彼は、「今度つくりましょうよ」と、まんざらでもなさそうな答えが返ってきた。たぶん、農業にたずさわる人々の生活形態は、この地では当時から今まで、さほど変わらないのではないかと思えた。

人力で麦を脱穀している一家総出の光景。二頭の牛の力を借りて田を耕している泥だらけの農夫。三十頭ほどの羊を連れ、ムチを片手にした女や子供。小さな駅の車窓にまで西瓜を売りに来て、含羞を含みながらも屈託なく笑っていた少年の陽に焼けた黒い肌と白い歯。そうした人々の営みをみるにつけ、背景に広がる農耕地帯の広大さをいやおうなく想像させられる。毎年毎年、数千年も繰り返されてきた農耕の営み、それにこたえたであろう大地の恒常性。

それを可能にしているのが、この巨大な水の流れなのだ。膨大な水の、驚くべき循環のシス

兄弟だろうか。小さな駅に列車が停まると、ドロの付いたスイカをもってやってきた。窓ごしに買って、廊下で割って食べる。甘くて大変おいしかった。

麦の刈りいれがすすんでいた。山の全てが、畑になっている。植林したほうがいいのではないかと、心配になるのだ。

テム。「エジプトはナイルの賜物」になぞらえれば、この地の古代からの生活と文明は黄河の賜物である。人類の揺籃期から、揚子江とともに、中国の文明を育んできたわけだ。窒素分を多く含む黄土の沖積層は、地味が肥え、多くの養分を含んだ土壌が、この大河によって下流域に運ばれていき、それが今日に至るまで農耕を可能にし、この国の人口を養ってきた。太古の昔から五千年以上にもわたって、第一次産業たる農業は、禿山を作ったが、その蛮行に疲弊することなく応えたのは、この大河なのである。

そして、この農耕に携わってきた人々こそ、中国の歴史の底流をしたたかに支えてきた。歴史書に描かれることのないこの大地、その農民の姿を思うとき、ぼくは西安駅の構内で見た、あの光景を思い出さずにはいられない。

改札が始まるのにまだ少しの時間があった。乗客たちは荷物を持ったまま、いつ移動が開始されてもいい態勢で待っていた。そのなかで目に付いたのが一人の農夫とおぼしき男だった。男は自分の体重の二倍はゆうにあるのではないかと思うほどの、大きな南京袋を背負っている。中には穀物が入っているのだろうか。あまりの重さにか、重心が前に傾いていた。その重さに耐えて、こめかみの血管は膨れ、頬骨の張った四角い顔が硬直しているようにも見えた。そしてひたすら、時間のくるのを待っているのだった。

改札が始まり、凝縮されたエネルギーが急速に拡散するように、群集はおしあいへしあい、一つの方向になだれこんだ。少しでもいい席を確保しようと、乗車口に走り、あるものは窓から荷物を放り込み、ついで自分が中に入り込むために窓をよじ登った。この国の有り余る膨大な人口を実感するような光景だった。そのエネルギーに誘発されるように、ぼくらも興奮ぎみに、人々の波にのみこまれる。

そのときだった。大きな罵声があがり、声のほうを見ると信じられない光景が目に入った。モスグリーンの帽子をかぶり、制服を着た警官が、警棒をふりかざして、さきほどのあの農夫を殴打しているのだった。一度、二度、三度、と容赦なく打擲し、そのつど、なにやら大声で怒鳴りつけている。ほとんど憎悪の感情をむき出しにして。おそらく移動を開始した際に、背中に背負った大きな袋が、その警官に触れでもしたのだろうか。

農夫に視線を走らせると、彼はまったくの無表情だった。肉付きのいいがっしりとした体躯で、大地に向き合って生きてきた実直さが、その体つきからうかがえる。そして身にふりかかる官憲の暴力に対して、彼は、身のまわりを飛びかう蠅に対するほどの顧慮も払わず、いっさいを無視していた。表情はその冷静さにおいて感動的なほどだった。ふりおろされる警棒は、なんの苦痛も与えていないのだろうか。そんなやくたいもない思いがわいてくるがそんなはずはない。だが、彼はただ一点を凝視し、姿勢を前かがみにした体勢で、ひたすら一歩、一歩、歩を進めていくのみだった。彼の心のなかには、今、どんな思いが、どんな感情が渦巻いているのだろう。この男は怒ることなどないのだろうか。あの眼は何を見つめているのか。目撃した理不尽な暴力への嫌悪と怒りが、なんの動揺もみせない農夫を理解しかねて立ち往生する。

がっしりした大きな背に、百キロ以上はありそうな袋を背負った男は、群衆のひしめくそのなかにあって、オーラのような輝きすら発しているようだ。ぼくはなにかしら崇高な光景を目撃したような気持ちだった。

　秦の始皇帝の時代から、現代の共産党政権の時代にいたるまで、政治形態は変わり、権力の側につく制服の形や色は変わったかもしれないが、農民の大地に向き合う生き方は、誰が権力をとろうと、頓着することなく普遍に続いているかのようだ。

　権力が体制を作る。体制が硬直した人間をつくる。人々はこれに従い、従いながら沈黙する。しかし、黙従しているかに見え、実はしたたかにゆるぎない不服従。おそらくこの両方が中国なのだ。

　そして男は、無体に警棒をふるう官憲に対してだけでなく、立ちすくんでこの光景を眺める旅人にも一顧だにはらうことなく、人ごみの中にまぎれて、われわれの視界から消えた。

アジア的カオスとでも呼びたいなかを、大きな袋を背負った農夫は人ゴミにまぎれていった。

「おもしろいや。水の迫力がぜんぜん違う」

　そんなことをいいながら、ケースケがなおも河原を行ったり来たりして、カメラアングルを探している。

　大河の流れによって生き、生かされてきた人々。その生の上にさらに次の世代が生を重ねて、あくなき労働を、この大地に注ぎ込んできた。その時間の堆積はこの大河の水の循環とどこかイメージが重なりはしないか。

と、川上からうなるようなエンジン音がして、観光客を乗せたモーターボートがやってきた。橋のところまでくるとUターンしてもどっていく。川を登るときはスピードがぐんと落ちてしまう。偉大なり、大河。ボートが行ってしまうと、今度は入れ替わりに、なんと五、六人の男たちが流されてきた。ボートから人が落ちたのだろうか。えらいことだ、と思ってよく見ると、どうやら生身の川下りであるらしい。男たちのいずれもが笑っている。急流のほぼ中央を、じょうずに川の流れに乗っている。泳ぐというよりは、ただ流れに身を任せている。

橋の下をくぐるとき、「ヨー」とか「ホー」とか、声をあげ、男たちはまたたくまに流されていった。驚いてみているのは、ぼくらだけで、この地の人は気にもかけていな

生身の川下りは、なんとも涼しそうだ。われわれは呆然として、流れゆく男たちを見送った。

い。

「おもしろそうだね」

「やってみたいすね」

リキ君の目が生き生きと輝いて、河を流れる男たちの姿を追いかけている。

そういえば、毛沢東がこの川くだりを得意にしていたとか、高齢の彼が、流れの中で頭だけ出して泳いでいる写真を見た覚えがある。

このダイナミックなスケールに比すと、日本の湿潤なモンスーン気候に養われた農村の風景が、箱庭のようにかわいいものに思える。国民性などというものがあるとしたら、こういう環境の違いから生まれるのかもしれない。

しばし、ものおもいにふけっているあいだも、巨大な茶色い流れは、目の前を圧倒的な速さで過ぎていく。

そして、その流れのむこうには煙突が林立している。西洋文明、とりわけ十八世紀に起きたイギリスの産業革命は、世界の町のあらゆる風景を変えた。近代化はこの国にも波及し、対岸の工業地帯のかまびすしい景色を出現させた。自然の大河と無数の煙突。立ち上る煙。これらが今、ぼくの視野いっぱいの額縁のなかに、一枚の絵のようにおさまっている。

ゴビ砂漠でヘディンを読む

砂漠といえば一面に続く砂また砂の世界を想像する。だが、ゴビの砂漠は砂ではなく小石なのだと、旅に先だって開いた本は、一様にのべていた。

ゴビタンの荒野はまさに見渡す限り不毛の石ころだらけの原野だった。砂の砂漠ならば日によって変化する風や、それが吹きだまってできる大小の起伏で、自然のたくまざる造形の妙も味わえようというものである。かつてエジプトを旅した際、カイロからアレキサンドリアまで、サハラ砂漠を車で横断したことがあるが、あの灼熱の赤い砂には、まだ自然の美とロマンがあったような気がする。だが、今、車窓からみえている光景は、まるで殺伐とした味気のないものに映る。

とにもかくにも何もないのだ。ただ小砂利が見わたすかぎり続いているだけの灰色の世界。無機質そのもので、生命の存在を感じない。わずかばかり地を這うようにのびている植物も乾燥しきっている。その草とて、生命を感じさせる緑色ではない。茶褐色なのだ。

その荒野のまっただなかで、われわれの鈍行列車は立ち往生してしまった。通路側の窓から見ると、列車は右手にゆるやかにカーブをしたわずかな勾配の上り坂で停止している。先ほどから、なんとか発進しようとくりかえすのだが、一歩進んで二歩後退。そのつど客車がゆれ、同室の角刈りの男は、外をながめていて、窓わくにごつんと頭をぶつけてしまった。

ＳＬのディーゼル車の車体は、外目にはまことに美しい。モスグリーンのおさえた色調が、色彩のないこの砂漠にあって、唯一旅情を演出してくれる人工物だ。

雲ひとつない、少しもやった空に、吐き出された石炭の黒い煙がかたまりとなって浮きあがり、それはわずかな風にあおられて、ゆるやかに拡散していく。いっこうに前に進まない列車に閉じ込められていると、西へ西へとこがれるわれわれの目的意識も萎える思いだ。だが、われわれにはどうするすべもない。ここは一番、どうにかなるさとひらき直るほかない。

同室となった中国人の男は、ネスカフェの空ビンに茶葉をいれ、室内にそなえつけのマホービンのお湯を、くりかえしそそいで、飲むのだった。

旅の途中、読みついでいた本を開いた。旅の前に読んでおきたかったのに読み切れなくて、リュックに入れてきた文庫本だった。スヴェン・ヘディン著の『シルクロード』（岩波文庫）である。『さまよえる湖』で有名な、このスウェーデンの探検家は、七十歳にちかい高齢で、中国政府の依頼を受け、シルクロードの自動車道路設計ルートの計画のため、中央アジアの調査を敢行する。文庫本は〈下巻〉に入り、途中、新疆省都ウルムチで軟禁され、そこを脱出、河西回廊を東にむかうくだりにかかっていた。

　ぼくらがこれから向かおうというところを、ヘディンは逆にこちらに向かっていることになる。今から八十年も昔の記述だが、その時代のシルクロードの様子が描かれていて、なかなかたのしい読み物だ。旅の予習にもなる。万里の長城に向かい、長城に沿って、ヘディンの記述は、東へ東へと近づくにつれ、冒険が終わりに近づくことを物語っていた。甘粛の町で、高官に招待され二十七種の料理をご馳走になったとか、酒泉でハイキングにいったなどと書いてあると、今日にでも、そこに到着したいという思いにせかされる。

たよりなげな木が一本。あとは、小石と砂の世界。我らが鈍行は、このなにもない荒野でぴたりと動かなくなってしまった。吐き出した白い煙が風にあおられて、そのまま雲になった。

だが、われらが鈍行はまだいっこうに進む気配をみせない。最初は、何度か発進を試みていたのだが、それが無駄な抵抗とわかると、もう勝手にしろとばかり、砂漠のなか、青い空の下で微動だにしなかった。

するとどうだ。コンパートメントの開け放した窓から、そよ風が吹き込んできた。心地よい風だった。風に誘われて窓の外をみる。外は一面の瓦礫の荒野である。それでも、小さな丘があり、そこに一本の樹木が、頼りなげに立っている。考えようによっては旅のはてのどことも知れない荒野での、かけがえのない、ぜい沢な時間のエアーポケットに入り込んでいるような気もしてくる。

いいなあと思う。ちょっと途中下車して、あの木立ちの下で、二、三時間、本でも読んでいられたら、幸福にみちた一刻になるだろう。人生のささやかな寄り道にも似て。

どれくらい待っただろう。読書にあきて、通路側の窓の外を眺めてみると、遠くつながる線路の向こうに、小さな黒い豆つぶほどの影がみえた。ゆっくりゆっくりこちらにむかってくる。応援のディーゼル車であった。スローモーションの映像でも見ているように近づいてくる黒いずんぐりした風体は、なにもない灰色の砂漠のなかにあってこれも実にのどかだ。

応援のディーゼルは鈍行の間近まで来て、スピードを落とした。

やがてかすかな衝撃を感じた。連結されたのである。しばらくして、ガタン、鈍行はやおらむっくりと動き始めたのだった。

車掌の娘たちが、一列に並んで、片手に各自の弁当箱を持って、通路を歩いていった。なにやらニコニコと嬉しそうだった。彼女たちの弁当箱は、おおむねアルミ製、昔のわが日の丸弁当と似ていた。どれもが形状は異なるが、共通しているのはその大きさである。朝はそのドカ弁に白いご飯を入れ、上に肉野菜炒めのようなものをかけて食欲旺盛にたいらげていたが、今度もどってきた彼女たちのドカ弁には熱湯が入っていた。そこにインスタントラーメンを入れ、コンパートメントのはずれの小さな部屋で、彼女らの昼食が始まる。まあともかく、この国の人々はよく食べる。

　ベッドで寝ていたリキ君とケースケに声をかけ、彼女たちにつられるようにして食堂車にいく。

　量が多いから炒め物は二品で充分だった。それにむろん、啤酒である。六元、日本円で約七十円。しかし啤酒は列車のなかでは冷えていない。それもすでに慣れてきていた。この国では食堂のテーブルにつき、ビールをくれというと、冷たいのか暖かいのかと聞かれたりするのである。

　リキ君もケースケもコップ一杯だったが、ぼくは卑しくも昼から一本半ほどを飲んでしまった。おかげでコンパートメントにもどると、文庫本の

続きを読み始めたとたん、コトンと眠りに落ちてしまった。

目覚めると鈍行は今度は草原のなかに停まっていた。はたしてどれほどの距離を稼いだものか。見渡す限り緑色の世界で、砂漠から別天地につれていかれたような驚きを感じる。が、よくみると、緑の草は地表をかすかにおおっているだけで、その下はやはり敷きつめられた礫なのである。

あれはタマリスクだろうか。一株一株ごとに、小さな茂みのようになっている。別名ラクダ草。トゲがあるのに、ラクダが血を流しながら好んで食べるという草だ。

ロバや牛を放牧している男がひとり、ふたり。

リキ君は上段のベッドで昼寝のようである。ケースケは通路で中国人の子供をスケッチしていた。

文庫本がもう少しで読み終えるところまできている。再びベッドにひっくり返って、先ほどの続きを追うと、次のようなくだりに出会う。

「大陸の奥地の新疆にまで影響を及ぼす極東のこの戦争は、驚くほどの重要性を持ったドラマチックな事件の連続である。それは、現代の最も果断で精力的な国民と、戦略家、政治家、愛国者として同時代の指導者の中で最も偉大な一人の人物との決闘である」

「極東の戦争」とは「日中戦争」のことである。「現代の最も果断で精力的な国民」とはほかならぬ日本人であり、「偉大な一人の人物」とは蒋介石その人だ。

西洋の北のはずれ、政治的には日中とは遠く離れた位置関係にいるスウェーデンの老探検家の目に、当時日本人が「果断で精力的」と映っていたとは、興味深い。

ぼくは本から目を離し、しばらくのあいだもろもろの感慨に思いをめぐらした。

中国という近くにあって遠かった国を旅して、すでに一週間がたとうとしていた。その間に見聞し、体験したことに照らすと、過去に、日本人がこの国に侵略してきたなんて、よくこんなところまでやってきたものだと、驚かざるを得ないのだ。われわれはまだこの国の東と西の距離の半分にも達していない。こんな広い国土を、島国のわれわれがどうやって支配下におくことができようか。点と点を抑えたところで、この国にとっては屁でもない。早晩しっぺ返しを食らうことは、この国土の広大さと、したたかに忍耐強い民衆の生きざまを垣間見れば瞭然としているのだ。

戦争に走りだしていくとき、戦争のさなかでもがいているとき、人間というのは、ほとんど何も見えなくなっているのにちがいない。いや、何も見えなくさせるために戦争というものがあるのだという気もしてくる。為政者や軍部の偉い人たちはいざ知らず、少なくとも、ぼくらの父親の世代は、この広大な大地を蟻のように、戦いの大義や名分、使命感を忘れて、這い回っている自分に愕然としなかっただろうか。

一方、相手の中国にしてみたら、日本という国は、もしかしたら、それまでにも十分慣れきった新しい匈奴であったかもしれない。そもそも中国の歴史は、北方騎馬民族との戦いの歴史だったといっても過言ではない。万里の長城を築いてはみたものの、何度か国をのっとられている。モンゴルの元、新しいところではツングース、女真族の清である。歴代の侵略者たちは、馬に乗って北から押し寄せてきたが、このたびの東の海の向こうからの侵略者たちは、資本主義という摩訶不思議なシステムと、そこから生まれた近代兵器を持って、この大陸になだれこんできた。だが、そんなものはいつかはこの広大な人と大地に飲みつくされるに決まっている。中国人は日々の苦難のうちで、そう考えていたにちがいない。

ヘディンのこの一文は一九三八年、彼がシルクロードの旅を終え、ヘルシンキに帰国したあと書かれている。三八年といえばドイツ・ナチ軍がポーランドに侵入し、第二次世界大戦の火蓋が切って落とされる前年にあたる。暗雲立ち込めるヨーロッパにあって、さすがのヘディンも、とりあえずは果断で精力的だった国民を、少々過大評価しすぎたのではないだろうか。

それから八十年余り、果断で精力的な国民がどうなったか。

三年後には果断に真珠湾を攻撃したが、四年後には精根つきはてて敗戦、それでも焼け跡から復興し、高度成長を経て、「果断で精力的な国民」は、銃剣を持つかわりにアタッシェケースを持って世界を駆けまわった。そのあげくが未曾有のバブル崩壊である。

一方、中国はどうか。「偉大な指導者」は、内戦で敗れ、台湾に逃れた。とって代わったのは毛沢東である。有史以来農民たちの上に君臨しつづけた専制君主は、おもてむきはなくなったかに見えた。しかし一党独裁という専制君主はあいかわらずだ。市場開放のゆくすえはわからないが、とりあえずはコリない国の歴史ではある。

ヘディンの本を読み続けていくと、さらに次のような一文にも出逢う。

「古代の大世界の他の国がすべて滅びてしまったのに、中国人が第一級の軍事的偉業もなしに四千年間もその国を維持することができたのは、もっぱらその不屈の粘り強さの賜物である」

なるほどな、「不屈の粘り強さ」という表現には、思わず肯いてしまいたいものを感じる。要するに、これから先は知らず、これまでのところ中国は変わらない国だということだ。

今まで出会った人たちの、一方には制服を着た階層の人々がいて、一方にはあの西安の駅で見た、警官に警棒でなぐられても、じっと堪えていた農夫がいる。彼を代表とする数多くの名もない人々。そうした人民にこそ、「この不屈の粘り強さの賜物」は体現されているのだろう。車掌の娘たちのドカ弁が、そのイメージの上にさらに重なった。この中国国民の粘り強さ、あっけらかんとした野放図さ、そしてある種の不可解な不気味さは、われわれにはないものかもしれない。エアーポケットに入ったような時間の中で、ぼくは中国の奥深さに思いをはせていた。これからその懐深くにとびこんでいくのである。

ケースケが中国人の子供をスケッチする。平和な光景というべきか。

酒泉の美人車掌はアーリア系？

われわれは西安から、蘭州、武威、張掖を経て、およそ千四百キロ、急行と鈍行を乗り継ぎ、まる二昼夜を費やして酒泉に到着した。

当初、われわれの汽車の切符はこの先の柳園までのものだった。そこまでいけば最初の目的地とする敦煌までは、目と鼻の先なのである。しかしその途中の蘭州の駅でわかったことだが、どこかで大規模な水害があったらしく、ために蘭州発、柳園行きの急行は運休になってしまった。それでも鈍行はなんとか動くという。やむなく予定を変更して乗りかえるしかない。

その切符を買う際の顚末が、特筆すべきすさまじさだった。

蘭州の駅構内で、若者二人にリュックを預け、すみの方に待たせておいて、ぼくは列に並んだ。切符売場の窓口では、手すりで列が区分けされるようになっていて、乗りかえ切符を手にしたものは手すりの脇から抜けられるようになっていた。ところが人々は今、その出口からも売り場にむかって殺到したため、おしあいへしあいのだんご状況になった。その人の数たるやすさまじい。前のほうで男の怒鳴り声があがる。右手の方ではなにやら女の金切り声がふりしぼられる。ルールに従って並んでいるものだけに切符を売ればいいのに、出口から手を差し出す客にも、窓口の女性はいちいち対応しているから、列はいっこうに進まないのだった。こんな無秩序な人間のあがきは体験したことがない。しかし、ここを切り抜けなければ、われわれの明日はない。これが中国だ。われわれも中国人になるほかない。

やっとのことで自分の番になったとき、右から来た中年の男に、押しのけられそうになった。ぼくは右腕を差し出し、割り込みを阻止した。ほとんど肉体的な、プリミティヴな自己主張を自分がしていることを顧みる余裕もない。人間は、人間である前に、自分の存在を優先する動物であることに気づかされる場面だった。それでも、切符を買い終えたあとも、背中を回転させるようにして横の人間を押しのけ、次の待ち客が窓口にたどりつくのを見届けたあと、その場を抜け出した。極東の国の人間のせめてもの抗議である。

この国では切符一枚にして、この騒ぎなのである。そんなてんやわんやの果てに、やっとここまでたどり着いた。蘭州から酒泉までの七百キロに、まる一日以上かかったことになる。列車は真夜中を過ぎて到着し、寝るだけのホテル滞在となる。ここから先は水害騒ぎで動かない列車をあきらめ、バスに揺られての旅となる。とりあえずシルクロードの旅の目的地のひとつ敦煌までは、あと四百五十キロ。

翌日、酒泉の朝は、よく晴れ渡っていた。その昔、酒が湧き出たという伝説の泉があって、この町の名の由来となった。ヘディン一行はそこへピクニックに出かけ、優雅にボートを浮かべている。

すでに陽の光は強く、アスファルトの道は白く光っていた。乗り込んだバスの窓からは、すぐむこうにこの街のシンボルである鐘鼓楼の赤い建物がみえ、自転車、自動車、ロバ車などが激しく行き交っている。ところなしか街路を行きかう人々の中に、白人との混血を感じさせるような人も見るようになった。いよいよかと、シルクロードも佳境にさしかかるのかと、小さなときめきを感じてしまう。

酒泉の朝は自転車のラッシュであった。

バスの車掌は白いTシャツを着た若い娘だった。この娘さんからして今まで見てきた中国人の娘たちとは少しばかり表情が異なるように思う。鼻筋が通り、目鼻立ちもはっきりしている。目じりが下がっていてアーリア系の血が混じっているような印象である。なかなかの美人だ。

大雑把にいえば、ユーラシア大陸は西にコーカソイドの白人がいて、東にモンゴロイドの黄色人がいる。その境目にはなにか中間のような外貌の人々が存在するのだろうか。ぼくはなんとなく、そんな漠とした想像をしてきたような気がするが、今、西と東の境目にさしかかろうとして、初めて西側の容貌の混じった女性に出くわしたのだ。なるほど、こういう容貌になるのかと、ぼくはいささか合点する思いになる。なんともエキゾチックな顔立ちは、われわれの東の地域には見られないものだ。そのことだけで彼女を美人だと見なさざるをえないのは、いかんともしがたい東の人間の視線であろうか。これから先の人間観察においに興味をかきたてられるところだ。

バスは、座席がいっぱいになると、通路に助手席が用意されたが、それは木でできている。美人車掌は乗り込んだ客たちから、集金をして切符を切る。そのやりとりをみていると、席ひとつがいくらという計算をしているようだった。二人の子供連れの農夫婦などは、二つの席の料金を払い、子供は自分のひざの上に乗せて倹約をしている。

ぼくの隣りに乗り込んできたのは、グレーの人民服を着た赤銅色の肌を持ったおじさんだった。彼は全身から強烈なニンニクの臭いを発散させている。そういえばどこの食堂だったか、生のニンニクの皮をむいて、それを白飯にのせて食べている人がいた。きっとこのおじさんも、日々ニンニクを食し、彼の活力源にしているのだろう。

街を離れ、砂漠の一本道になると、バスは目いっぱいにアクセルを踏んだ。飛ばす飛ばす。この運転手はスピード狂のようだった。先ほども街中で、右折カーブの視界のきかないところで、平然と追い抜きをやってのけ、あわや前方からきたトラックと正面衝突するところだった。進行方向の視界はひらけ、なにもない不毛の荒野がひろがっている。あるのはアスファルトの一本道。そしてときおりすれちがう対向車だけ。見ると、延々とひろがる礫の大地に黒い斑点模様がくっきりとついている。青空に浮かんでいる雲の影だった。そして左手のそのむこうにかすかに横たわっている山の稜線は、祁連山《きれんさん》だろうか。そこにも緑がないことに変わりはなかった。

一時間ほど走り、小さな集落を通過したと思ったら、また砂漠の道となり、前方に写真でみなれた建物が見えてきた。

嘉峪関《かよくかん》だった。

万里の長城は、東は山海関から始まり、その長さ、実に二千四百キロメートル。それがここまで伸びている。嘉峪関は西のはずれの砦として築かれたものであるが、ここ数日間に移動した時間と距離に照らし合わせると、その長さには目がくらむ思いだ。

一週間ばかり前に、北京からの日帰りで、われわれは長城の東端に近いところに足を運んでいる。そこは八達嶺といって、観光名所として開放されているところだったが、明の時代の比較的新しいもので、始皇帝時代のものはさらに北にあったという。レンガ造りなのかと勝手に

砂漠のなにもない大空間に、突如、出現した建物、嘉峪関。あわててカメラを用意して、レンズをむけるのだが、バスは非情にも、スピードをおとしてくれるということはない。あっという間に、歴史的建造物は後方に去っていった。

思い込んでいたが、直方体に丹念に削った灰色の石を積み上げたもので、いささか驚いた。実に几帳面な仕事振りなのである。しかしそれも西に行けば行くほど、つくりは脆弱になり、西域では、日干し煉瓦が使われているらしい。

しかし、迫り来る嘉峪関は、堅牢な城砦である。

三層の城楼が、日本の天守閣に似ている。いや、こちらが本家で、日本の天守閣が、中国の様式を模したのにちがいない。明の時代、十四世紀、常勝将軍と呼ばれた馮勝が建造したというが、日本の城との決定的な違いは、長い二重の城壁である。どこかヨーロッパの中世の城を髣髴とさせ、ここが大陸の懐深くに入り込んだ地であることを実感させられる。

バスはびゅんびゅんスピードをあげた。右手前方に嘉峪関の壮大な建物がせまる。ところが現地の生活バスに乗り合わせている悲しさ。ちょっとストップ、一時停止、一分だけ写真を撮らせてくれ、と叫ぶ間もなく、寸断された長城のレンガの壁と壁のあいだをバスはつき進んだ。われわれにとっての観光ポイントも、この地の人にはただの過去の遺物なのだ。あっという間に嘉峪関はバスの後方に去っていった。

万里の長城の一部が砂漠のむこうに残ってつながってみえる。

十二時半をまわって、何という町か、バスはロータリーに停まった。車掌の娘は出発時刻を一時と告げた。三十分の昼食時間というわけである。

この街もくたびれている印象だった。道路はデコボコと波打っており、ほこりっぽかった。ゴミがところどころに吹きだまっている。水たまりはぬかるみ、ドロ沼状態だった。ロータリーの手前に広場があり、そこに公衆トイレがあった。土壁にペンキで白く「厠」と書いてある。お世話にならなければならないのだが、なるべくなら行きたくないのだった。これまでの経験からして、この国のトイレ事情というのは凄惨なものがあった。「ニーハオ」なのである。個室であるべきところに、衝立すらないことがしばしばなのだ。土壁のその厠も、古く傾いた建物の様子から、その内部が凄まじい様子であることが推察できた。だが、背に腹はかえられない。

「軟弱な弟子たちよ」、と高言してきた手前、黙ってきたが、実はここにいたって、ぼくも下痢にやられていた。ひそかにリキ君に打ち明ける。

「なにが悪かったかなあ。思いあたるふしはないのだが」

「なにがって、こう、油とか、なんでもやばいんじゃないすかねえ」

リキ君は、その道の先輩として、もっともらしい解釈をしてみせる。そういえば、どこのレストランであったか、野菜炒めのなかに、ケースケが白い虫を発見した。中国料理というのは、ともあれ何でも強い火で炒めてしまうが、それは実は衛生面でのことだったのかと、痛く納得

河西回廊のオアシスの町。こうして絵にすれば
風情もあるが、なんともくたびれた印象だった。

した気持ちだった。

「猪八戒抜き西遊記」を気取り、格調高く日本を出発したのだが、ここに至って、ぼくらはついによれよれの「ゲリラ隊」に身をやつすことになったのだ。

「ケースケさあ、おれ、これ持ってんだからさあ、ちょっと行ってきてよ」

　リキ君は先ほど買ったペットボトルの水と、ソーセージや果物の入ったビニール袋を、手にぶら下げている。それを理由にトイレの偵察をケースケに命じた。

「うん、いいよ」

　ケースケは首にかけていたカメラをリキ君に渡すと、飄々と厠へ向かった。入口には背のひょろりとした貧相な男がいた。彼はどうやら掃除人、ならびに管理人なのである。みていると、その男に小銭を渡して、ケースケは小屋のなかに消えた。リキ君とぼくは息を飲むような思いで、顔を見あわせる。待つことしばし。やがてケースケがひょっこりと姿をみせた。すかさず

リキ君はケースケに「厠」の偵察を命じた。
事態はその後、とんでもない展開をみせる。

リキ君が、声をかけた。

「どうだった？」

「すごい。相当のもんだ」

彼は辟易した顔をしていた。

さてどうしようか。まだ野グソの方がましかと思い、まわりを見渡すのだが、人家の屋根と壁ばかりである。度胸を固めなければならなかった。男に五角、つまり一元の半分を払い、リキ君は左に、ぼくは右に行った。左は小、右は大なのである。

その先は、おお、いやだ、ぼくは書きたくない。書きたくないが、書かねばならない。なにしろゲリラ隊の隊長なのである。書かねばならない義務というものがある。

土塀のどんよりとした空間である。土を深く掘って固めただけの大きな溝がある。溝は一直線になって外に伸びている。そこに溝をまたいでしゃがみこんでいる先客のおじさんがいる。わわ、えらいことだ。どうしようと思いつつも、やむなし、そのおじさんの背後に回って、こちらもしゃがみこむ。必然、おじさんのものが目の前に見える。彼もどうやら、われわれと同じ仲間のようである。その作品が固体をなしていない。やがて彼は尻を拭き始めるのだが、その手にしているものはタバコを包んでいるセルフィンである。そんなやわやわとした小さな頼りないもので大丈夫かと、見ていると、指先二本の一回きりという超高級テクニックで、クイッと、自らの後始末をした。にわかゲリラ隊長としては、ただただ、その早業に脱帽の思いである。

するとなんたることか、小を終わらせたリキ君が、眼を光らせて、こちらを見ているではないか。だいたい衝立もなしに無防備に用を足す姿をぼくはまだ衆目にさらしたことがない。ましてぼくは威厳のある隊長なのだ。師匠なのだ。おいこら見るな、早くたちさってくれい、と必死に、心のなかで叫ぶばかりであった。

いやはや、なんで好き好んでこんな所を旅しようなんて考えたのだろうと思いつつ、バスに戻り、もとの席に着く。できれば他の所に座っていただけたらという願いもむなしく、例のニンニクおじさんはニコニコとぼくに笑顔をみせ、またまた隣りの椅子にどっかと座った。とたんにニンニクの臭いが、むむっと立ち上る。

ニンニクおじさんは善意にあふれた笑顔で強烈な存在感を示した。ぼくはひたすら美人車掌の血すじについて思いをめぐらし、その存在感からのがれようとした。

バスは発車した。乗客の人数を確認するべく、指で数を数えている美人車掌をみて、そうかと思うものがあった。

「こんなうら若き、美人の女性にだって、この国の現実というものがあるのだぞ。彼女だって、あの凄惨なアメ色をした地獄のような空間で、しばしのあいだ、沈思黙考の時間があったのかもしれない。なんといたわしい」

こちらのそんな忖度も知らず、車掌の娘は人数を数え終えると、自分の席に座る。バスはまた、びゅんびゅんとスピードをあげていった。

ついつい視線がいってしまう美人車掌の民族の血筋について、思いをめぐらした。

「……彼女にアーリア系の血が混じっているのはまちがいない」

なんだかありえるような気がしてきた。

アーリア人は、そもそもバルカン半島から南ロシア一帯に居住していたが、何度にもわたって南下し、民族移動を繰り返してきた。ヨーロッパ人の大部分、イラン人、アーリア系インド人などの共通の先祖となったと考えられている。紀元前二千年頃の南下では、イラン高原に入り、中央アジアを経て、さらにインドに入る。先住民のドラヴィダ人を征服し、カースト制の最下に置く。また第二の南下は、紀元前千年頃、一部はバルカン半島を南下してクレタ文明を滅亡させた。これが古代ギリシア人の祖である。「アーリア」とは、サンスクリット語で「高貴」を意味する。つまり、アーリア人とは、われわれが普通に思い描くところの、白人である。

「漢族をベースに、アーリア系が十パーセントか、いや二十パーセントはあるかもしれない。

そうだ、その昔の中央アジアのアーリアンかもしれない」

いやまてよ、と思う。

「もしかしたら、かつて西安で歌を歌い、舞を舞った胡姫の末裔の血が流れているかもしれない。そうか。彼女は、胡姫の末裔だ。それにちがいない」

ぼくは自らの知識を総動員して、娘の素性を想像した。しばし、何秒か何十秒おきにちらちらと美人車掌に視線を送りながら、おおいに得心するものがあった。

左手に湖があるのか、地平の向こうが一直線に光った。アシの繁みがその光の上にゆらいでみえる。

「湖かな」

隣りのリキ君に声をかけた。

「なんだか、ゆらゆらしてますね」

「蜃気楼？」

「あ、そうかもしれませんね」

潟があって浮島が漂っているようにもみえる。熱い大気が、ゴビタンの砂漠の地平をゆらりゆらりとゆるがせている。それはこの地で頻繁に見られるという逃げ水、まさしく蜃気楼であるらしかった。シルクロードの昔日の過酷さが、いやがおうにも想像できるのだ。

古来、西域からの商人たちは、オアシスの町をつないで、大海を渡るようにやってきた。その結果としてシルクロードの交易は可能となり、オアシス都市は殷賑をきわめた。そのなかにアーリア人の種もあった。そんな歴史の積み重ねがあって、あの美人がこの砂漠の地に出現し

ほとんど対向車のない一本道を、バスはびゅんびゅんと走った。砂漠のなかに突如「百年大計」と書かれた看板が見えると、石炭でも掘っているらしい施設が現われた。

シルクロードはやっぱりラクダなのだ。
この現代においてもしっかり働いている。
まつ毛がやたらに長いのは、なかなかかわいい。

たのだ。

　とかく妄想癖ぎみのぼくの頭は、蜃気楼に惑わせられながら、そう結論づけた。彼女はしかし、もうぼくら乗客の方には振り向きもせず、白いTシャツの後ろ姿を見せて、進行方向を見ているだけである。

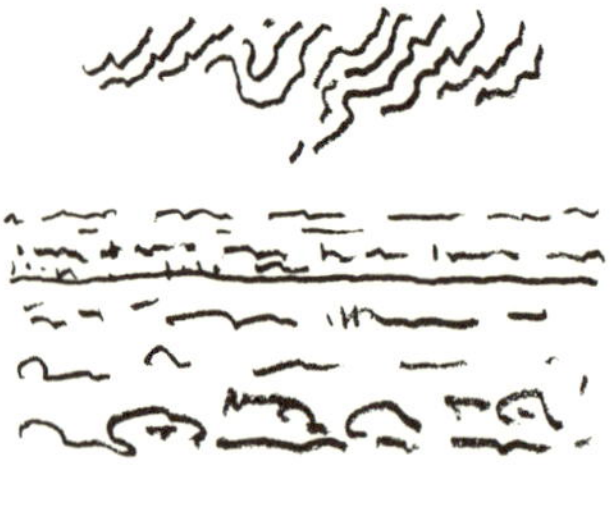

蜃気楼である。ゆらゆらと地平がゆれるのである。

II

敦煌にて

天山南路
アクス
クチャ
コルラ
トルファン
ハミ
ゴビ砂漠
柳園
敦煌
安西
嘉峪関
祁連山脈
タクラマカン砂漠
西域南路
崑崙山脈
チベット高原

敦煌、光あふれて

「シルクロード」は、言葉のとおり「絹の道」であった。これを最初に命名したのは、ドイツの高名な地理学者リヒトフォーヘンだ。中国から西洋にもたらされた主要な交易物である絹の通り道が、この名の由来となった。ローマ帝国に輸入された絹は大変な貴重品であり、同じ重さの黄金と取引されたという。古代の西洋人にしてみたら、シルクはまさに魔法の布であり、それを産する東の国は、不可思議で魅力的なエキゾチズムに満ちていたことだろう。実際、古代ローマ人も中国のことを、シルクを意味するセレス、セリカと呼んだのである。

二世紀のプトレマイオスの地理書は書いている。

「セレスの地方は、非常に面積が広く、人口も稠密で、東は大洋に接して、人の住みうる東端にあり、西はイマウス・バクトリアの国まで広がっている。彼らは柔和な、つつましやかな文化人である」

反対に西域からもたらされたものは、地中海の珊瑚やガラス製品。胡のつく食物。胡麻、胡瓜、胡椒、胡桃のほか、さまざまな生活用品も流入している。後漢の霊帝は「胡服、胡帳、

敦煌の朝は、街路に光がはじけ、華やかな
印象であった。

胡牀《いす》、胡坐、胡飯、胡箜篌《くご》、胡笛、胡舞など、なんでも胡風のものを好んだので、都の貴族たちがみなこれに習った」と、二世紀の歴史書は伝えている。今風にいえば西洋かぶれだが、胡はここではイラン風、西域趣味をいう。

そして、このはるかなる遠隔の地の交流、交通を可能にしたのが、オアシスの存在なのである。

そのひとつ、敦煌の町は紀元前二世紀の後半、漢の武帝が、武威、張掖、酒泉とともに、ここに郡をおいたことから始まる。当時の中国では一番西側にある町であり、沙州と呼ばれた。いわゆる「西域」を睨んでの軍事拠点だった。しかし唐代になると世界に名高い莫高窟の建設が本格化し、それに伴って、軍事的色合いは薄れ、文化の都として花開く。多くの寺院が立ち並び、多種の肌を持った人々が行きかい、東西文明の中継地点の役割を果たしてきた。「砂漠の大画廊」と呼ばれる遺跡が残っているのも、東西交易による富の蓄積があったからだ。

西と東が、はるかな空間をへだてつつ、呼応しあっていた、そんなゆるやかな時間が流れていた敦煌に、われわれはついにやってきたのだ。旅は成田を発って八日目。旅の始まりとした西安からは六日間が経っている。列車の旅を二昼夜、バスに乗り換えて、ほぼまる一日。

その敦煌にきたというだけで、たぶんに興奮していたのかもしれない。ぼくは朝早く起きだすと、すばやく洗濯をすませ、まだ眠っている二人を残し、ホテルを抜け出して中心街に向かった。

敦煌の街は光にあふれていた。今まで通過してきたどの町よりも、華やかな印象である。ホテルのロビーには、飛翔天女の二体のレプリカが飾られている。街路の飯店の壁にも飛天の絵が描かれている。ホテルやレストランの街を右に折れるとロータリーがあり、そこにも琵琶を持った飛天の像があった。観光地特有の、パターン化した歓迎意匠は、今の敦煌の身すぎ世すぎのなりわいを示しているのだろうか。外の人間を歓迎している風情がある。大路は、ここから東西南北にのびている。

ぼくがまず立ち寄ったのは、敦煌市博物館。二階建てで、展示室が三つばかりの小さな規模だ。漢、三国、晋、唐代の出土品、そして莫高窟の有名な第十七窟で見つかった文書、わずかばかりの壁画の一部、漢語や他の言語で書かれたらしい経文、竹簡などが展示されている。展示物が、意外なほどに少ないのは、二十世紀初頭、欧州からの探検調査隊が、大量の書物や絵画を母国に持ち帰ってしまったからだろうか。いずれにせよ門外漢であるぼくには、竹簡に躍る文字を見ても、猫に小判というほかないのである。

早々にそこを出ると、何軒かのお土産屋が軒

敦煌の街のあちこちには天女の意匠。わくわくするものだ。

を連ねている。硯と筆のセットやら、玉のアクセサリーなど。水墨で描かれた彩色の絵画などが、壁にいっぱい掛けられていた。天女や仏画、躍動する馬やポプラ並木の風景。その筆の運びはなかなか達者である。それらを冷やかし見ながら、やがて一枚の絵の前に来て、ぼくの足は止まった。ラクダの商隊が描かれている。砂漠のむこうに沈もうとする夕日に商隊の一団が逆光になっている。いかにもの売り絵だが、ぼくが目にとめたのは、羊数頭が描かれているからだった。

「ラクダは砂漠の足、そして羊は携帯食料、というわけだ」

一人納得して、さらに歩を進める。

四辻のところに、水色に塗られたモルタル壁の家があった。その壁の一部が剝落していて、赤いレンガがむき出しになっている。乾いたその色合いが気に入って、しばらく見とれた。家の造りの基本が、レンガとモルタルであるということに、いまさらながら気づいた。

建築物の材質から類推してヨーロッパは硬質な石の文化であり、日本は木と紙の自然の文化とはよくいわれることだ。むろん、ヨーロッパも数千年前は緑の生い茂った湿潤の気候地帯だったから、家々はむろん木で作られていた。現にイタリアなどの南欧から、スイスやドイツなどの北方に足を伸ばせば、地方の家々の造りは石より木が多く用いられるようになる。しかし、ヨーロッパの都市文化の歴史は、基本的に石造の人工的な特色を強くきわだたせている。

それでは中国はなんと形容できるだろうか。石の文化であるとはいい切れない。ましてや木や紙の文化ではない。

レンガとモルタル？　うまくイメージが結像しないが、たぶんに埃っぽいその乾いた壁の色は、長い時間の堆積からかもし出されたようで美しかった。水彩の筆をとってみたいという気になる。

さらに先へ進むと、広場に出た。

そこは夜市が開かれるところで、敦煌に到着した昨夜も足を運んでいた。多くの屋台が並び、人々で混雑していたあのにぎわいは影も形もなく、地面に照り返る強い日差しのなかに人影はまばらだった。それでもその一角からのびるひとつの路地に、朝市が立っている。野菜や果物の店が多い。近郊のお百姓さんが、自分の畑で採れたものを軽トラックやロバに引かせた荷車で持ち込んでくるのかもしれない。まれに羊や鶏の肉を売る店もあるが、市としての規模は小さい。夜の街路と朝の街路がわずかな時間差で住み分けているのだ。

現在の敦煌は清の時代に作られた小さなオアシス都市なのである。人口は約十五万人。その九十九パーセントが漢民族で占められる。仏教遺跡の街であるにもかかわらず、寺院らしきものは街中には見当たらない。今では清心、つまりイスラム教の匂いのほうが強い。昨晩の夜市の様子でも、中国的というよりは、はるかにイスラム的な匂いが強かった。ここでも羊の肉を焼く特有の匂いが街路に満ちている。西安の町同様に、この町も宗教的な匂いは希薄に思われる。とりわけ仏教の匂いはない。あるとすればイスラムである。かつては仏教文化の花開いたこの町も、今は莫高窟という往時の文化遺産を残すだけの観光の街として生きのびているように見える。

もう少し街の様子を見ようと路地を進んだ。何軒かの食堂が並んでいて、ベニヤ板に朱文字でメニューが書いてある。外国人を当て込んでの英文字も見える。ホテルの近くまできて、大通りに面した一軒のテーブルについた。ソフトドリンクを注文する。

このオアシスの町敦煌は、大陸性気候のゴビのなかにあるため、年間の降雨量はわずか三十九ミリ、その逆に水分の蒸発量は二千四百ミリだという。この蒸発する膨大な水分は、すべてゴビの底に浸透している祁連山脈の雪解け水である。したがって、空気はからりとしている。汗は残らないが、ゴビのように肌からはじかに蒸発しているのだろう。

久しぶりに、テーブルについて飲み物を飲み、くつろいだ、ささやかな贅沢を味わう気分になる。

昼は小さな市がたっている。しかし夜になると夜市がたつ。
飲食店に混じって、屋台のおねえさんの飲み屋もある。
「可拉OK」(カラオケ)店もあって、「北国の春」が流れたりする。

「オアシスの快楽、か」

一人つぶやいてみる。

通りには、さまざまな人々の往来がある。西洋人の観光客も珍しくない。東西交易が盛んだった頃の人々の行き来を想像してみるが、先ほどのラクダと羊の絵を思い浮かべるくらいが精一杯のところだ。時間は歴史をつくりもすれば、歴史をかき消しもするのだ。

すると先ほどから引っかかっていたものが、不意に言葉になって現れた。

「……そうか、土の文化か」

ヨーロッパが石で、日本が木と紙なら、中国は土ではないか。なるほど、土かもしれない。土という言葉からくるもろもろのイメージに思いをめぐらしてみる。土で作られたものは、やがてその形状を失う。大地に埋もれる、風化する、土に返る。それは、この乾燥した内陸部に存在する古代の偉大な遺跡の存在にマッチしているかに思えた。かつてのシルクロードの興隆が、いまや砂漠的風土の中に埋没し、風化し、土くれにかえり、次第に埋もれていってしまう。人知や人力が支配しきれない大陸のこの広大さがそれを必然化している。そんな退廃的な宿命を、この奥深い内陸の歴史は抱え持っているのではないか。

万里の長城は石であり土である。兵馬俑は大量の森林伐採を伴って土を焼いた。黄河は膨大な量の慈土を太古の昔から下流に運んでいるが、同時に人々は黄河文明の時代から、おびただしい緑の山を切り崩して農地を拡張してきた。渭水流域の禿山の段々畑が浮かんでくる。冬が終わる頃になれば、黄土は土ぼこりとなって、東シナ海を渡り、日本の上空にまで飛来する。

大地の形状はつねに変化してやまない。その形状を何百年、何千年にわたって維持することなど、とうてい不可能なことだ。いかなる権力、いかなる人知をもってしても。

ぼくは思考をめぐらす。石の文化とされるヨーロッパは、地中海の沿岸に花開いた文明に淵源する。その範囲内なら、石を材質にして永遠なる文化と文明を建造しようとする努力は可能だろう。人々は、硬い石と格闘して人知の極限を刻みつけようとする。そしてその人知のたたかいのエネルギーは、沿岸の利便な交通、そして略奪が補ってくれもしただろう。構築しようとして石に挑む。長い時間に耐えうる石の築造、構築の上に更なる永遠の文明と文化の痕跡を刻みつけようとすれば、人々は更なる人知と人力の練磨に挑まなければならない。ヨーロッパは永遠の上に更なる永遠を築き上げようとして、人知の可能性を探ろうとした。古代ローマからルネッサンスをへた人間主義の近代がやがてひらかれる。

一方、この広大きわまりない大陸の大地に生きた人々はどうだっただろうか。この広大な地の権力者は、とりあえず人々を支配することはできたが、この大地を支配しきることはできなかったようだ。支配された人々はこの広大な大地の上に、何かを構築するというよりは、大地の変貌とともに、ほとんど大地と一体化して生きるほかはなかった。いいかえれば、この広大で荒涼とした大地に、人々ははじめから飲み込まれてしか生きることはできなかったのである。大地は人々にわずかなオアシス都市しか与えなかった。オアシス都市はその面を拡大することはできず、もうひとつむこうのオアシス都市と細い線でしか結ばれることはなかった。人々ははじめから、この大地に許される存在、許容される限りでの存在でしかなかったのだ。権力者も、権力に支配された人々もひとしく例外ではなかった。人はすべてこの広大な大地にうけいれられ、この大地の土とともに生きとし生き続ける限りでの歴史を生きてきたにちがいない。ヨーロッパのように、永遠を刻みつけようとして格闘し、積み重ねた文化とも異なり、また極東の島国のように、何年、何十年、何百年かのサイクルで再生する草木や樹木の自然の生命とともに、その自然のサイクルに育まれてきた文化とも異なって、中国の広大な大地の民は、土にまみれて土の形状の変化に対応して、変貌し、埋もれ、消失し、また同じように土をなにものかにつくりかえようとして、ときにむなしく、ときにしぶとく、営々と困難な闘いをつづけてきたのではないだろうか。

ぼくは、今、シルクロードの内ふところ深くに入りながら、土と砂と石くれのとてつもないひろがりのほんの一点で、つかのまのオアシス的いこいにひたって、そんな想像と思考に身をゆだねていたのだった。

莫高窟、時空の迷宮

敦煌のホテル前の広場を出発して、砂漠のアスファルト道を三十分ほど走っただろうか。すしづめのミニバスは、われわれを砂漠の大画廊へと運んでいった。

「なにか、ひとつ、絶対見つけてやる」

歩を進めながら、ケースケがいう。

「あるわけないよ」

リキ君が応じる。

「…なんでもいいんだ、小さなやつ」

ケースケは、砂漠のなかにかつての栄華の残骸をとどめるのみの遺跡のどこかを掘ってお宝を見つけるつもりでいる。それがこの旅の目的のひとつらしい。いささかさもしい話だが、程度の差はあれ、にわか三蔵法師も孫悟空も思いは同じであったかもしれない。

やがて千仏洞の赤い門が見えてくる。われわれははやる気持ちで歩を進めた。

話は十数年前にさかのぼるのだが、ぼくはインドのアジャンタとエローラの仏教遺跡を訪ねている。そこは、グプタ美術の宝庫といわれ、インド仏教美術の初期の形がまとまって残っているところだ。紀元前一世紀からの造営で、およそ七百年にわたって続いた。莫高窟は四世紀に始まるから、インド仏教の思想と美術様式が、いかなる形で中国に伝わり、どのような変遷を見せているか、この目で確かめてみたいところだ。そしてここから東方へ伝播した仏教は、日本に到達した。ここ莫高窟は、その中間地点なのだ。

十六窟に向かう甬道《ようどう》の脇に、その乾湿像はあった。三メートル四方ほどの、狭い空間である。じっくりと闇に目を凝らしていると、その白いものは坊さんの座像であることがわかる。等身大ほどの像の主は、九世紀の高僧洪𧦴《こうべん》である。唐の都より、この地の僧尼の長として任じられ、自らも十六窟を造営した。その後、彼を祀るために作られたのがこの十七窟である。彼の死後、遺体は荼毘にふされ、この乾漆像のなかに安置されているという。

その背後に壁画が描かれている。樹木がシンメトリーに二本のびていて、その下左右に人物が描かれている。右に立つ比丘《びく》は大きな団扇を持っている。左手の侍女は、高僧の身の回りの世話をするのか、タオルを持っている。反対の手には、杖のようなものを持っている。おもしろいのは、樹木の枝に肩掛けかばんが描かれていることだ。水瓶もある。きっとこの坊さんの托鉢の際の持ち物なのだろう。そこだけは妙に生活のリアリティが感じられる。

この十七窟はまた、蔵経洞とも呼ばれている。十一世紀、チベット系のタングート人、西夏が敦煌に攻め入ってきた。占領されるのを察知して、略奪や戦火の難を逃れるために、大量の経典書画がここに隠された、というのが現代での定説になっている。それ以降、忘れ去られたままになっていたが、今世紀初頭、莫高窟の住職だった王圓籙《おうえんろく》が、ふとしたきっかけから、十六窟の通路の右の壁の向こうにもう一つの空洞があるのを発見した。中には大量の経典や絵画が隠されていた。そしてこの十七窟の秘宝の発見は、世界に知れわたる。王圓籙は、大量の書画経典をイギリスの地理学者マーク・スタインに、ついでフランスの東洋学者ポール・ペリオに、わずかな代金で売り渡してしまい、皮肉なことにこのことが契機になって、敦煌は世界にあまねく知られることとなったのである。王圓籙は、国宝を売った男として引責を受けるが、かろうじて死刑を免れる。

「王圓籙も、死刑になる寸前だったんだからな」

　ぼくはいった。

「ケースケも、お宝を持ちかえったりしたら、死刑は免れんな」

高僧、洪䛒の遺骨は、像の下の板敷きの下にあるにちがいない。

「ふむ、ばれないようにやる」

彼は、そのつもりである。

石段を登り、砂埃の小道を歩く。取り立てて順路というものはない。石窟にはそれぞれ番号がついている。その一つが開いていて、中に入る。一対の仏像があり、壁に仏画らしきものがびっしりと描かれている。いくつかの石窟を見て回ったが、いずれの仏像も手の部分が壊れている。そこから木枝や藁くずがむき出しになっている。それは乾湿像というつくり方に理由があるのだろう。木などで骨組みをつくり、泥で形をとっていく。乾燥させたあと、表面に漆喰を塗る。最後に彩色を施すのだ。今日の彫刻技法から見たら、なんとも安易なつくり方で、必然、石彫や木彫などの彫刻に比べて、堅牢さに劣る。顔や胴体などはまだしも、表現の微細な手や指は、脆いものとなる。しかしこんな安易な技法で作られた膨大な仏像群が、最小の被害で残り得ているのは、ここが湿度の少ない乾燥した砂漠のまんなかにあるからだ。

百三十窟の跪坐弥勒大仏は大きくわれわれの目をひいた。ちょうど二階のあたりにいて、三階の上を見上げている感じで、視線を下げると一階のところに足がある。比較的外光が入りやすい造りになっていて、よく見ることができる。もう一度視線をあげて見上げると、その下膨れの顔が、にっこりと笑っているように見えた。ちょっと不気味な表情だ。

「日本の仏像とは別物の感じがするね」

ケースケがつぶやくようにいうと、リキ君がそれを受けてうなずく。

「なんか怖い感じがするな」

ぼくは、インドで見てきたものと比較している。

あのデカン高原の仏たちは、われわれの知る日本の仏よりも、この地の仏像よりも、ずっとインド的な表情をしていた。肌の色はより褐色で、顔の造形も、深かった印象がある。ここ、漠高窟の仏たちの姿は丸みを帯びて、より東洋人に近い顔に変わっている。色についていえば、ここでは、アジャンタのそれに較べて、朱や緑青などの原色が多用されている。アジャンタの仏たちは、もっとこげ茶色が強かった。

百三十窟の弥勒大仏。盛唐の時代につくられたものらしいが、端正な日本の仏像をみなれたわれわれの目には、はなはだ不気味な印象である。

だが極東のゆきどまりで造形された仏に比べると、インドのアジャンタも、中国の敦煌のこれらの仏像たちも、ともに大陸的で荒々しい印象である。日本に残る仏像たちは、法隆寺夢殿の救世観音や、飛鳥寺の釈迦如来像など、飛鳥時代の初期のものについては中国、朝鮮半島の影響を強く残しているが、時代が進むと、日本独特の、端整ですっきりとした造形に進んでいく。平安、鎌倉の時代にはいわゆる国風化が際立ってくる。それはいわれているように日本人の持つ特有の美意識に裏打ちされていると考えていいだろう。日本の四季の移り変わりに富ん

四十五窟の菩薩像、優雅なS字形を描いて立っている。

だ温和で湿潤な風土が、仏の顔も独自に進化させたのだ。大陸の仏たちは、やはり過酷な自然の中で生まれてきたたたかう仏たちということなのかもしれない。

またこうも思う。モチーフとして盛んに描かれている天女についてみると、インドからきた仏像のなかには菩薩像が含まれる。一方、その西のキリスト教の世界には天使が存在する。いずれも天界からこの地上への架け橋をする役割を持っている。中国にあった従来の神仙思想、たとえば羽衣伝説なども、このモチーフのなかに加わったかもしれないが、その容貌にかぎっていえば、ペルシアの美女たちの存在があったような気がしてならない。今見てきたばかりの四十五窟にあった菩薩などがいい例である。腰をひねり、優雅なS字形を描いて立っていて、肌の色は飛びぬけて白い印象である。顔も下膨れで、ぽっちゃりとしている。

「湖姫への憧憬が、あの造形を生んだのかもしれ

ペルシア文化が西のはるかかなたからやってきたのだ。

ない」

仏教がこの地に定着したあと、やがて盛唐の時代を迎えたとき、長安に行き来したペルシア系の白人美女に、西方極楽浄土を重ね合わせ、唐の画工たちは、それをモデルとし、自らの理想にエキゾチズムを潤色して、天女や菩薩のモデルにしたのかもしれない。つまりデカン高原の遺跡はより純粋な宗教空間であったのに対して、ここ莫高窟は西方への憧憬という心理作用が濃厚に反映されている印象なのだ。

ともあれ、ここ莫高窟は、インドに遅れること五百年、造営され続けた長さは千年に及んで、それだけの時間、仏教という大きなテーマを持った造形活動が、東アジア一帯にまで広がったのだ。ぼくらは今、インド仏教と西方文化が混交して、これからさらに東方へ流れていく、その歴史と地理のどまんなかに立っているのだ。

盛唐の時代に描かれた敦煌に残る壁画。

百五十八窟の涅槃像は、迫力があった。横たわった全長が十六メートルはあるらしい。盛唐もピークになる頃には、この涅槃仏が盛んに作られるようになったらしい。その表情は涅槃仏にふさわしく、静謐と威厳が感じられた。顔はやさしく穏やかである。だが、古代の人々は、これらの仏像群をとてつもない時間をかけて刻み、それを前にして、どんな宗教的、信仰的な熱狂に身をゆだねていたのだろう。二十一世紀の極東からやってきたぼくたちには、信仰の対象としてこれらに向き合う感性は、とうにうしなわれている。

　ぼくはむしろ、まわりを取り囲んで描かれた壁画のほうが興味深かった。南側の壁面に、涅槃を悲しむ各国の王子が描かれている。肌の色も白いのやら赤いのやら、身にまとう衣裳もまちまちである。帽子も髪型も多様だ。全員が泣き叫んでいる。中には悲痛のあまり自分の胸にナイフをあてがおうとしているものさえいる。盛唐の時代の作品だが、絵に描かれた人物たちは歴史の証人だ。大陸の多くの国の人々が、今よりももっとおおらかに交流し、ともに信仰的な共同性を一にしていた様子が感じられる。い

百五十八窟の涅槃像は長さ16メートル。岩の原型に泥を塗って、細部を仕上げ、その上に彩色する。その背後の壁にはおびただしい仏像の壁画が描かれている。

わば一種の風俗画だが、風俗はその時代のリアルな生活を証言するものだ。

　壁画や乾漆像に塗られた色彩は、一様に黒ずんでいる。これはここ莫高窟だけではない。イタリアの教会にある中世期のフレスコ画や、アジャンタ遺跡の壁画なども同じように、褪色、変色が見られる。おそらく下地に塗った鉛系の顔料が、数百年の歳月によって黒ずんだものと

涅槃を悲しむ各国の王子たちの壁画。
往年のシルクロードの風俗が感じられて、
興味深く画面をながめる。

思われる。顔料には変色、褪色しないものもあるから、ここで見る画工の配色に対するセンスは、そのあたりを差し引いて考えなければならない。描かれた当初は、極彩色のまばゆいばかりの世界であったことはいうまでもない。

この遺蹟の白眉といわれるものに「樹下説法図の菩薩像」がある。かつて、画集の写真を見て、惹かれるものを感じ、水彩で模写をしたことがある。ぜひ本物をと探しまわったが、見つけることができなかった。拝観の切符は金額によっていろいろなランクがあるから、あるいはぼくらの支払った切符では、お目にかかることができなかったのかもしれない。なんてことだという思いはあったが、窟から窟を歩き回り、疲労もきわまっていたぼくらに新たなる切符を求める気力は失われていた。

われわれは人気のない方へ、歩を進めた。

「よくもまあ、あんなものをいっぱいつくったよな」

リキ君がばちあたりなことをいう。何の収穫物も手にできなかったケースケは諦めきれない風で、さらに人気のないほうを探してみるという。リキ君も付きあうらしい。

ぼくは崖の段差ができたところに腰を下ろして休息をとる。そしてまたもあの十数年前のことを思い出していた。

インドのアジャンタの遺跡に立ったとき、ぼくは奇妙な感覚にとらわれていた。

古代の日本人が憧憬を抱いた「天竺」、インドの聖地に、自分は立っている。そこにある仏像や仏画の数々は、かつての日本人にしてみたら、それこそ燦然と輝く極楽浄土の世界であったはずである。それを千数百年後の自分は、いともたやすくその地に足を伸ばし、それを信仰の対象としてではなく、文化の源流をたどるという名目はつけても、観光という旅人の観察の目でみていた。子供の頃から日常性のなかであるかなしかに感じてきた宗教としての「仏教」というものを、観光地の文化としての「仏教」として見ている。遠くから見ていた山の姿は美しく、敬虔な思いにも駆られて登ったが、山頂を極めてみたら、そこはただの石ころだけの場所であった。なるほど、そんなことをやっているのかという思いである。対象を、信仰や憧憬をもって仰ぎ見るのではなく、同じ高さの目線で観察、比較しているのだ。奇妙な感覚はそこから生まれていた。

そして今、自分はシルクロードの栄華の残影、敦煌の莫高窟にいる。六世紀のインド、ヴァルダナ王朝の時代は、唐朝と盛んに使節を交換した。ここにはインドや西域から多くの僧侶たちがやってきた。仏図澄、鳩摩羅什、達磨たちである。七世紀になると、その王、ハルシア・ヴァルダナは、中インドを統一し、交易はいっそう盛んになる。アジャンタのグプタ様式の美術世界も、こうしてこの敦煌の地にやってくるのである。その絵画技法は海をも渡る。法隆寺の金堂壁画にもその技法は投影される。画工や仏師が困難なはるかな道のりをやってきた歴史が、夢物語のように思えてくる。

信仰という情熱があればこそ、描こうとする主題にかくも没頭できるのであり、それは、確かに幸せなことにちがいない。この制作者たちの幸せに比べたら、現代社会からさまよい出てこんな旅をしているぼくらは、どう自分をとらえたらいいのだろう。そしてもっと大きな問題は、しかし、その華麗に花開いた文化と歴史の交流が、ここシルクロードでは一千年を経た今、壮大な遺跡としてしか残っていないということかもしれない。あの信仰的情熱、あの花の文化はどこへ消えたのか。この地でそれを作り支えた人々はどこへいったのか。この歴史の遺産だけを置き去りにして。

そんな思いにふけっていると、やがて二人がひょっこり戻ってきた。

「どうだった。なにか発掘できたかい」

「よかった、よかった。……死刑にならないですむ」

リキ君が、からかうようにいった。ケースケは無言である。

莫高窟、別名千仏洞。切り立った岸壁の、南北千六百メートルにわたって掘られ続けた石窟群。四世紀から始まって、北魏、西魏、北周、隋、唐、五代、宋、西夏、元と、延々千年のときの流れのなか、人々の造り上げた壮麗なまでの仏教美術の残影に埋もれて、ぼくらはそれぞれが途方にくれたように思いに沈むのだった。

鳴沙山に響け、オカリナ

旅の準備をしているときに、再三目にしたのが、鳴沙山の写真だった。ぼくらのシルクロードの砂漠のイメージは、この砂丘の自然の造形美に負うところが多い。旅のポスターにもよくここの写真が登場する。シルクロードの砂漠は、どこもがあんな感じで美しいのかと、ぼくなどは長い間勘違いをしていた。だが、美しいということでいえば、今まで通過してきた殺風景なゴビタンの礫の砂漠に較べたら、ここは別天地だった。東西約四十キロ、南北二十キロの巨大な砂の山。砂の崩れ落ちる音が、まるで山が鳴いているかのようだということで、この名がついた。わからないでもない。

雄大な稜線を描いて、幾重にも砂丘が広がっている。そのひとつの尾根に沿って、豆粒ほどの人の影が、山頂をめざして登っていくのが見える。西日を受けて、稜線のシルエットがその隣りの砂山の腹に濃い影を落としている。よし、行ってみよう。ラクダ使いの呼び声を無視し、ぼくら三人は、徒歩で山頂をめざすことにした。敦煌は三日目を迎えている。

稜線の尾根伝いに、人が歩いて踏み固められた小道が続いているが、坂はすぐに勾配がきびしくなる。踏み込んだ一歩一歩が、砂の中にずぶりと入り込んでいってしまう。たちまち靴の中は、細かい砂で重くなった。

　息がぜいぜいと鳴った。汗が吹き出してくる。後ろについていたリキ君に追い抜かれた。若者二人はぐんぐんと先に登っていく。彼らとの距離が徐々にひらく。しかし、ぼくはえもいえぬ充実感を覚えていた。この一歩が、確かに今、自分はシルクロードを歩いているのだ、という確信のようなものを感じさせてくれるのだ。この場所は観光地であり、今の自分は、いわば用意されたラクダの背中に乗って記念撮影するような、そんな演出された空間のなかにある。しかし確かに、おれはおれの足で、この山を登っている。旅はこれからも続き、今は道なかばではあれ、しかし、この一歩こそ、シルクロードへのおれのささやかな足跡ではないか。長年の夢を果たしているという思いが、そんな高揚した意識をつくる。

　かなり高いところまで来た。ふりかえって見下ろすと、建物もラクダもずいぶんと小さく見える。しかし、山頂はまだ先である。もう少し登ろうと、砂の坂に足を運ぶ。さらに汗をかいて、山頂を目指した。上まで登れば月牙泉が見えるという。三千年もの間、枯渇したことのない泉である。しかし、もう、息がつきる。このあたりでいいだろう。ぼくは登るのをやめ、先を行く二人に声をかけた。

「おれはこのあたりにしておく。行ってきてよ」

二人が振り返り、リキ君が了解とばかりに片手をあげた。

あとから来る他の人の邪魔にならないように、そこから三歩五歩、砂の斜面を下った。足を

鳴沙山は、巨大な砂の山である。風が砂を運んで、山がなくなってしまうということはないのだろうか。それがいまだに、ぼくの疑問である。

踏みおろすと同時に、砂の固まりがさらさらと斜面を落ちていく。掃いたように人工的な文様の砂の斜面に、新しい自分の足跡を入れるのがためらわれるほどだ。しかし反面、気持ちいいことこのうえない。

右手前方にはゆったりとして大きな稜線がループを描いている。女人の裸体を彷彿とさせるような艶かしさ。手前の稜線の影が、その中腹を走っている。だが、左に視線を走らせると、なだらかに稜線が途絶えたあたりから、不毛の荒野が、ずっと続いているのが見える。なにもない。ひたすら、地平の果てまで続く礫の砂漠である。地平線はわずかにもやって霞んでいる。ぼくらは東のあのむこうからはるばるやってきたのだ。左の端にただ唯一見える石を積み上げた半円球状のものは、お墓の群である。それが蟻かなにかの巣のように見える。

斜面の中腹に立った。息を整える。風が、わずかに吹き上げてくる。すぐに汗はおさまる。おもむろに、ポケットから持ってきたものを取り出した。オカリナである。この旅行を計画しはじめたとき、なにか楽器を持って行こうと思った。楽器は長い旅の、無聊を慰めてくれるだろうと。旅先で知り合った言葉の通じない誰かれとの友好にも一役かってくれるかもしれない。

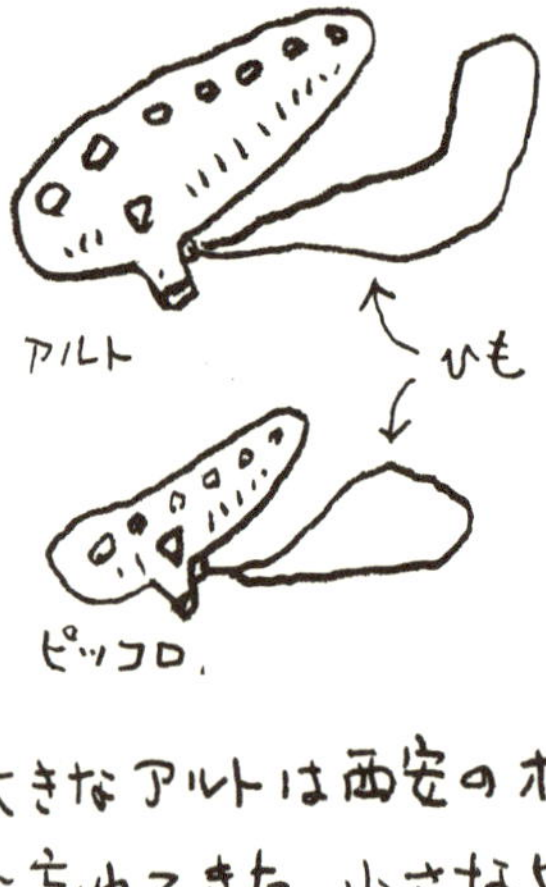

大きなアルトは西安のホテルに忘れてきた。小さなピッコロが、旅の友となった。

何がいいかは、あまり迷わなかった。オカリナの、あの柔らかい澄んだ音色は、シルクロードの旅にぴったりではないか。荷物にならないのもいい。ぼくは一年ほどまえから、この土の楽器を練習していた。旅には、アルトとピッコロの小さな二つを持って来た。が、アルトの方は、どうやら西安のホテルに置き忘れてしまったらしい。一番小さなそれが、これからの旅の友となった。

砂丘の稜線が描く、ダイナミックなカーブのあたりに視線を定め、ゆったりと吹き始めた。広大な砂の世界に、乾いた音色が頼りなげに響きわたる。しかしすぐに曲に集中できた。一曲を吹き終えると、えもいえぬい気持ちになった。ついで次の一曲。ぼくはわれを忘れた。

オカリナという楽器は、誰でも吹ける。しかしいい音色を出そうとすると、これがなかなか難しい。気持ちに雑念が入るとだめで、いかに演奏に集中するかが大切なようだ。それには環境もおおいに関係する。たとえば森のなかとか、川のほとりで

ペットボトルに鳴沙山の砂
をつめる。こんなのがお土産には
最適だ。(ただ、)ロハなのはいいが、重い(のがつらい)。

は、自然に抱かれたように心が落ち着く。そんなわけだからぼくは今、最高のロケーションのなかにいる。

次から次へと吹いていった。目を閉じ、さらに曲に集中する。ときに薄目を開け、視界に見える砂丘の稜線に思念を重ねた。自然の造形美は、ぼくを無心にさせた。意識のどこかで、自分は今、ユーラシア大陸の真ん中でこれを吹いているんだという、誇大妄想めいた満足感があった。

飛鳥・天平時代の人々は、当時の国際都市長安で、唐の文化を学び、多くのものを日本に持ち帰った。古代日本の文化史はその影響を度外視しては語れない。それは深く日本の生活や文化の歴史の中に浸透している。

このところ、ぼくは東洋美術の大きな柱である仏教美術の一端にふれてきているのだが、インド、中国、日本というそれぞれの歴史的な文化の現在が、大きな時間と空間の中のつながりによって、今、そこここにあることを実感している。

莫高窟で、ぼくが見たものは全体から見たらほんのわずかな部分でしかなかったかもしれない。しかしぼくに不満はない。このユーラシアの砂漠の真ん中に、人はこんな世界をつくりだしていたのだと確認できただけでも十分だ。全壁面四千五百平方メートルが壁画で埋め尽くされ、塑像は約三千点に及ぶ。その規模の壮大さは、敦煌がいかに当時、東西の人と文物のゆききの拠点として殷賑を極めていたかを、しらしめてくれる。イタリア・ルネッサンスのじつに六百年も前に。

A地点からB地点まで、観光客たちはしばし往年のシルクロードの旅を体験する。このラクダとラクダ使いは、はたして一日何度、このAB間を往復しているのだろうか。

この中国の、とりわけ盛唐の時代に花開いた仏教美術の偉業は、東洋美術の頂点をなすものだ。この大輪の開花にふれることがなかったら、日本文化史は、かなり異なったものになっていたにちがいない。

仏教文化に限っていえば、ぼくらは近代の移送手段に依存しながらも、遠い時間のふるさとにやってきているのだ。そう思うと、オカリナを吹く気持ちにさらに熱がこもった。

何曲目かに、喜多郎の『シルクロード』を吹いた。気分は高揚し、曲は広大な砂漠にぴったりとマッチした。少なくとも、シルクロードの地を踏みしめるという往年の夢を、今果たしているのだ。冷静な気持ちにかえればいささか気恥ずかしい限りだが、満たされた充実感があった。何度か同じフレーズを繰り返して、その曲を終えた。

と、背後で拍手が起こった。いつの間に戻っていたのか、若者二人が砂の上にしゃがみこんでいる。

「曲が、砂丘にマッチしていましたよ」

「ふん、気持ちがこもっていた」

今までもホテルの部屋などでピーピーと吹き鳴らして、二人を辟易させていたに違いないのだが、このときばかりは孫悟空も沙悟浄も、師匠の自己陶酔を受け入れてくれたようだった。

「これやりたかったんだよね、おれ」

がらにもなく照れた一言をもって、ぼくはオカリナをしまった。

あらかじめ用意しておいたミネラルウォーターのペットボトルに、甲子園の高校球児のように、ぼくらは足元の砂を詰め込んだ。砂は掌から軽やかにすべり落ち、日の光を受けてきらきらと光った。

ぼくらは砂の斜面を、そのままころげるようにして下った。自然が作った風紋を裂くように壊して降りていった。登るのにあれだけ大汗をかいたのに、下るとなると、あっという間だった。

自分たちのいた場所を確認しておきたいような思いでふりかえると、三人の下った跡が広大な砂丘の腹に幾条もの筋を描いている。シルクロードに残したぼくらの足跡である。だが、一夜のうちに風が新しい風紋を描くにちがいない。足跡は、またたくまに消されるだろう。あのオカリナの音色と同じように。

旅先で大学ノートに
日記をつける。これは
旅の楽しい習慣と
なっている。

III

敦煌から
ウルムチをへて

ああ、トルファン、火焔山に牛魔王現る？

トルファン盆地は、一番低いところで海抜下三百メートル、すり鉢の底のような形状になっていて、そのために昔から灼熱の地帯ともいわれた。東西およそ四百キロ、東の端にハミ、そして西の端にトルファンが位置する。火焔山はそのトルファンの手前にあり、『西遊記』のなかで、炎の燃えさかる人の通れない山として描かれる。孫悟空が、芭蕉扇を手に入れるため、牛魔王と戦いを交えるところだ。ぼくらはどうも、ここらへんでこの牛魔王の妖術にかかったようなぐあいなのである。

敦煌から柳園を経てハミまで、再び灼熱の砂漠をバスで走破、そこで乗り換えて、トルファンを目指すべく、夜行バスに揺られて未明の悪路を走っていた。黒々と見えていた山のシルエットが、夜が明けると同時に赤黒いグロテスクな姿に豹変した。草木の一本も生えていない裸の山なのである。生命の営みをまったく拒絶している。溶岩が流れ出て、そのまま堆積したような印象なのだ。山襞が、うねうねと深く浅く走り、爬虫類の肌を思わせる。たぶんあれが、火焔山に違いない。浅いまどろみのなかで、そう思った。そして次に目覚めたとき、われわれを乗せたバスは、信じられないことに、トルファンを通り越して、天山山脈にさしかかる一本道を走っていたのだ。買った切符はトルファン行きであったはずなのに、どうしたことだ。これでは、そのまま天山北路のとばくちをウルムチまで運ばれていってしまう。

「おい、トルファンにはとまらなかったよな」

「なぜだろう」

ケースケが首をかしげた。彼はトルファンの遺跡のどこかで、いまだに発掘事業をもくろんでいた。

「買った切符は、トルファン行きだったはずだけど」

リキ君も首をかしげる。

もしかしたら自分のミスではないかと、ぼくはひそかに冷や汗をかく。それには布石があった。

柳園からハミに到るバスの中で、学生風の若い男女の集団がいた。明らかに、中国でも南の都市からきた漢族の旅行者だった。仲間内で大声をあげ、うるさくてしょうがない。そればかりか、生意気そうな一人が大きく窓を開け、自分の尻をそのうえに乗せ、涼みはじめたのだ。バックミラーで、それを見つけた運転手が、大きな声で一喝した。若造はなにやら叫び返し、その行為を止めようとはしない。それどころか、目は敵意むき出しである。

彼の隣りの補助席には、頭にぐるぐると白い布を巻いた初老の男が座っている。少数民族なのか、イスラム教徒なのか。うな垂れてぐっすりと熟睡している。次いで若造は手刀を振り下ろし、その老人の首を切る仕草をしたりする。不愉快きわまりなかった。

乗り換えのハミの町に着くと、バスの天井に乗せてある荷物は二人に任せ、ぼくは構内の切符売り場に走った。するとあの若造があとからそばにきて、割り込もうとしたが、こちらも意地である。断固として阻止したのだった。そんなごった返したハミのバスターミナルの窓口で、頭に血がのぼっていたぼくはトルファンという代わりに、ウルムチといってしまったのではあるまいか。

ああ、トルファン！　落胆は大きいものがあった。なにしろこのトルファンには、見るべきものが多々あるのだ。火焔山の懐には、幾多の仏教遺跡が残っている。たとえばアスターナ古墳は太古の高昌の貴人たちの地下墓地群である。墓には、本物のミイラが二体安置されたままになっているという。またベゼクリク千仏洞は、麴《きく》氏高昌国と、西州ウイグル国が栄えていた六世紀から九世紀までに開かれていた石窟寺院である。石窟は五十七を数え、一部になお仏画が残っていて、ウイグル族が十四世紀あたりまでは、仏教を信仰していた様子がわかるところである。ほかにも玄奘三蔵が訪れ、仏の教えを講じた高昌故城など幾多の遺跡が残る。先に訪れたことのある知人に聞いた話によれば、これらの遺跡を歩いていると、運がよければ金色のウサギに出くわすこともあるらしい。

そんなシルクロード屈指の魅力にあふれたトルファンを訪れずに、われわれはウルムチまで運ばれていってしまうのか。気がついたときにはすでにトルファンを二十キロも通り過ぎていたのである。

しかし、なんといっても後の祭りだった。引き返したくても、砂漠の中では無謀すぎる。

「こんなときこそ、リキ君、金斗雲、飛ばしてよ」

ぼくは悔し紛れにそういった。彼は一瞬真顔になった。

「ゲリラ隊で、神通力が出ないす」

師匠といえど、ここは正直になるほかない。おれのミスかもしれないと釈明し、「牛魔王の妖術にかかった、ということにしておこう」とつけ加え、ぼくはかろうじて師匠の威厳をつくろった。

こうしてそのまま天山山脈の東の端を、われわれは越えることになった。つまり、南側のトルファンから、北側のウルムチまでの約二百キロの行程をバスに揺られ続けるのである。その途中に、「老風口《ろうふうこう》」と呼ばれる強風地帯がある。天山から吹

新疆旅客伝輸公司 豪華臥鋪客車
(外は普通のバスだが内部はベッドになっている。)

夜行バスは豪勢にも寝台車だったが、寝たら寝たきりで、半身を起こすこともできなかった。ぼくらはひたすら寝たきり乗客となって、三十五時間の過酷な道行に耐えるほかなかった。

き降ろす烈風が山の間を抜け、砂漠に吹き降ろす。風の通り道のようなところらしい。昨日までの熱い日々とは打って変わって、天候も荒れ模様である。重い雲がたれこめている。風も強い。ときおりポツリポツリと雨も降ってくる。まわりは石だらけの岩山で、あいかわらず荒涼とした風景である。

運転手や他の乗客からの筆談で得た情報によると、この先に白楊《はくよう》という町がある。その手前にある白楊川が氾濫し、橋が流されているのだという。列車の旅が不可能になったのもそのせいらしい。この水害のおかげで、バスも、少し行っては止まり、またしばらく進んでは止まりを繰り返しはじめた。砂漠の岩山は、緑の保水力を持たない。天山山脈の雪解け水を集めて流れるこの川は、ときに暴れ放題なのだ。こんなことはここでは日常茶飯事のようである。

そんな荒野にも人々の生活はある。ときおり、まばらに人家が見える。家といっても、ポプラの木を組んで、それに枯れ枝を乗せただけのものもある。ミニバスの廃車を家にしているものもある。少女が、そこを出入りしている。人々は明らかに漢民族とは異なる。表情に西と東が混じったような、民族混交的なものを感じる。バスはまたも停車し、掘っ立て小屋とも呼べないような店でタバコを買ったが、そこの娘は明らかに西側の顔をしていた。服装は粗末だが、誰もが一様にカラフルである。ウイグル族か。子供がインスタントラーメンをそのままかじっている。

「ああ、かわいい」

リキ君が、突如声をあげた。

まわりは岩山だらけの殺伐とした風景。そればかりか、家屋もごらんのとおり。しかしこのウイグル族の小さな姉妹はなんともおしゃれでかわいかった。

みると一軒の民家から、小さな姉妹が連れだって、旅行者たちに物売りに出ていた。二人は赤い民族衣裳の洋服を着ている。アジア系だがいくぶん彫りは深く、頭をスカーフでまいている。小さな妹の籠にはゆで卵が入っていた。姉が持っているのは、揚げたナンのようなものだ。反対側からやってきたミニバスの窓から声がかかり、白人がその揚げパンを買った。彼女は金を受けとる。それで完売になったようで、バスからもどってくる彼女の顔は笑顔ではじけた。

「禁止通行」の貼り紙。日本語とはいい方が逆になるけれど、同じように書くのだと、妙に納得する。トラックを先頭に、あとは岩だらけの荒野で、車はジュズつなぎだ。

　なんとなく応援したいような気持ちが働き、その姉妹に声をかけた。小さな妹は、恥じらったようなかわいい笑顔を作った。籠にはゆで卵がちょうど三個ある。全部、全部と日本語でいうと、小さな手で、籠ごと差し出し、金を受け取ると、聞き取れない小さな言葉が返ってきた。そして、またはにかみをふくんだ愛らしい笑顔を残すと、向こうで待つ姉のところへ小走りにかけていった。姉妹は手をつなぎ家の方向に向かいかけたが、一度だけ振り返ると、姉が、次いで妹が、小さく手を振った。ぼくも、リキ君もケースケも、手を振って、それに答えた。

四時半になって、バスはやっと動き始めた。決壊したところに、何台ものトラックが土を運び込んで、応急処置をしていたらしい。柳の木が何本もなぎ倒されている。バスは、道なき道の岩場を走る。身体を支えているのが精一杯だ。決壊した場所は広大で、垂直の岩山がせまっている。大きな岩が何個も落下している。その大岩をぬうようにして、バスは左右に揺れながら走る。

坂道にさしかかると小さな集落がみえ、二本の煙突から煙が立ち上っていた。しかし村はほとんどが、家々は半壊、あるいは全壊している。

大水がおさまったあと、住人たちがもどってきて、とりあえずの復旧作業を開始している。使えそうな家具や散らばっている日用品を集めている。しかし立ち働く女の中には、笑顔を見せているものもいる。

「なんで、こんなとこに住んでんだろ。もっといいとこがありそうなもんだ」

「あの女の子もそうだったよね。まわりは岩だらけだものな」

「でも、卵を売ってたわけだから、鶏は飼ってたんだろうな」

リキ君とケースケが、そんな言葉を交わしている。

天山山脈の東のはずれの山ごえ。道はズタズタに寸断され われわれの行くてをさえぎった。道路のみならず、ひとつの村落はごっそりと流され、白楊の町は全てが浸水で沈没していた。

新疆ウイグル自治区は中国大陸の最西北部に位置する。ウイグル族が全人口のおよそ半分、ほかに、カザフ、キルギス、タジク、ウズベク族など、合わせると、全人口の三分の二がモンゴル・トルコ系の少数民族で占められる。しかし、中国全体としてみれば、漢族との人口比率では、これらの少数民族は一パーセントにも満たない。中国という国家は広大だが、内モンゴル自治区、チベット自治区、そして新疆ウイグル自治区など、自治区とついたところには、いずれも少数民族がモザイク状に小さな集団をなして住んでいる。ユーラシア大陸の中の地続きの国々は、いたるところに民族の分断がみられ、ところどころに紛争の種を残している。

このあたりは、大国ロシアと、インドに挟まれた地勢にある。「疆」という漢字自体、土地の境とか、国境という意味があるようだ。それも境界線のはっきりしない地帯に使われる。中国側からしたら、新疆は、まさに新しい国ざかい、辺境なのであり、国家戦略的な意図が、この文字にも見て取れる。そしてこの砂漠地帯は、大国間の緩衝地帯、現代の防御地帯でもあるのだ。中国側が、この少数民族問題の解決に腰が重いのは、そのためともいわれている。

この少数民族は、いったいなにを生業にして生活を営んでいるのだろうと、あの小さな姉妹を思いながら考えた。ここは岩山だらけの荒地である。ルーツをたどっていけば、やはり遊牧民ということになるだろうが、どんな経緯の果てに、このような荒地に定住することになってしまったのだろう。近くの工場に稼ぎに行きたくても、漢族優先だからなかなか雇ってはもらえない。ホテルやレストランで、われわれが接するのはまずは漢族である。まれにウエイトレスなどに、異民族らしき娘が雇われているだけだ。となればこの荒地で細々と農業を営み、牧畜で生計を補助するほかない。あるいはその逆か。その結果、彼らは、中国人社会から阻害され、みずからもすすんでとけこんでいこうとしないだろう。漢族と少数民族との対立、偏見、政治的な不平等はいっこうに改善されないということになる。あのバスの若者の挙動は、こうした現実を雄弁に語っているのである。

そんなことを考え、岩だらけの景色を見ていると、ふと思う。『西遊記』の作者が、牛魔王という牛頭人身をこの地に配したのは、そこにトルコ族が住んでいたからではなかろうか、と。農耕民族たる漢族にしてみれば、遊牧騎馬民族は半獣半人に仕立てたいところなのだろう。たとえば、古代ギリシャ人たちは、自分たち以外の外の人間をバルバロイという蔑称で呼んだ。パルテノン神殿には、敵であるペルシア人を人頭馬身のケンタウロスとしてレリーフに刻んだ。

現代の牛魔王は、はたしてどんな顔をしているのだろうか。なんだか、こんな風に描くと、牛に失礼な気がする。

漢族にとっても、北の騎馬民族は、彼らのバルバロイであった。そしてこの地に住む少数民族にしてみたら、逆にこの中国の大国主義、この経済格差こそ、現代の牛魔王に違いないと思えるのである。

かくして、敦煌からウルムチまで、三十五時間の過酷な道行に、われわれはひたすら耐えるほかはなかった。トルファンの魅力的な遺跡群にも、金色のウサギにも大いなる未練を残しつつ、深い落胆をかかえながら。

今となっては金色のウサギも想像して描くしかないのだ。

ウルムチ、ウイグル人街のイスラム寺院

一昼夜半、マッサージ器にもみくちゃにされ続けたような疲労感をかかえ、われわれは真夜中をかなり過ぎて、ウルムチにたどり着いた。

ウルムチは人口百七十万人、南北に細長い。天山山脈の北麓、ジュンガル盆地にあり、古来より、シルクロードの隊商の集まる町であった。昔日のラクダの商隊だったら、つくづくありがたく思うのだろうが、オアシスという言葉からくる牧歌的イメージは、今のこの町にはない。

シルクロードを旅したヘディンの一隊は、ここでしばらくの間、軟禁状態にあう。そのせいもあってか、彼のこの町に対する評は厳しい。「たとえどこへ行ったとしても、この悲惨な町に比べれば、天国のようなものであろう」と書いている。中国は内乱状態で、ロシアなどの列強の思惑によって混乱を余儀なくされていた時期であった。しかし現在は新疆ウイグル自治区のなかにあって、最大の都市であり、区都である。石油、重工業なども盛んだ。北にはモンゴル、ロシア、カザフスタンがひかえている。いってみれば、中国とロシアにサンドイッチにされたような町である。

町の南にウイグル人街があり、バザールがある。排気ガスが街をおおい、灰塵は建物の壁や道路にも張り付いているような通りの印象だが、今までの漢民族の街とはまったく異なった明るさのようなものを感じさせられる。ここまで来るとはっきりするのだが、それがウイグル人街の、特徴だった。同じ中国に位置させられながら、ぜんぜん異なった国であることが瞭然としている。国境などというものがなにものでもないことがよくわかる。砂漠を走り、オアシスを縫い、天山山脈の剣呑な岩山を越えた果てにたどり着いたここは、旅の初めに思い描いたシルクロードのイメージに合致する街や往来の人々の雰囲気を漂わせていた。

道の両脇には、ウイグル族の女性の着ているカラフルな矢がすり模様の布地がぶら下がっている。それを仕立てる店、ブーツを作る店、帽子屋、絨毯や金物屋。そしてやはりカラフルなペンキで塗りたてられたイスラム寺院。人々の表情も豊かである。混血もいちじるしい。ロシア人の風貌の男性もいる。金髪の女性もいる。多民族がごったな感じなのだ。

小さなモスクがあった。中近東あたりのそれは石によって構築された建造物だが、ここでは木造である。建造されて時間がたっているのか、朽ちた感じだ。その壁に、柱に、原色のペンキが塗られ、特有のアラベスク模様が描かれている。小さな塔（ミナレット）の頂上には、三日月が取りつけられていて、それが少し傾いている。アングルを決めて、二、三枚の写真を撮った。そのとき、衣料品を売る露店の親父が、陽気な声をあげた。

「おい、ついでにこれも撮ってくれ！」

たぶんそんなことをいったのだろう。ウイグル帽のその親父は、前歯一本の笑顔で、自分の商品の中から大きなパンツを取り出し、顔の横で広げてみせた。

「お安い御用！」

といったわけではなかったが、パチリとやった。

こういう陽気さは彼ら独特のものだ。無表情で、感情表現が苦手な漢族とは大いに異なる。この陽気さはどこからくるのだろう。いい意味でも悪い意味でも、有史以来官僚的な政治体制の木枠に、手かせ足かせをはめられて生きてきた中国社会とは異なり、遊牧社会という一種の自然生活の中で培われたウイグルの気風は、都市化したオアシスという町に封じられても、すこぶる自由な人間らしさを失わずにいるかにみえる。

だが、この陽気な彼らの歴史も、なかなか込み入っている。

まず紀元前三世紀の頃、バイカル湖の南あたりにテュルク（鉄勒）という民族が登場した。その一部が六世紀に中央アジアの北で、遊牧民の帝国を立てる。これが突厥である。万里の長城の北にいて、

ウルムチ、ウイグル人街のイスラム寺院

ウイグルの親父のひろげたパンツにむけて、ぼくは、すばやくシャッターを切ったのである。

漢族に脅威を与え続ける。その支配下にあったのが、トルコ系の一派、ウイグル族である。突厥は九世紀頃に南下、あるいは西に向かって拡散移動し、中央アジア先住民族のソグド人、スキタイ人などのアーリア人と混血を深める。街にあふれる人々は、確かに西と東が交じり合った顔をしている。トルコ人の土地を意味する、「トルキスタン」と呼ばれる地域ができるのはこの頃で、十世紀に、イスラム王朝カラ・ハーン朝が誕生する。

しかし異説もあって、古代ウイグル族と現代のウイグル族は、直接関係がないともいわれるのだ。十四世紀末の、チンギス・ハーンの勢力争いの犠牲になって、四散、消滅したとされるからである。現在ウイグルと呼ばれているのは、古い呼び方を復活して、東トルキスタンのトルコ系住民を呼んでいるのにすぎない、との指摘もある。陸続きの大陸の歴史は実にややこしい。

ついでに付け加えるならば、さらに時代が下って、十世紀頃中央アジアで遊牧していたトルコ族のひとつが、西へ進出、セルジュク朝を立てる。さらに西に向かいオスマントルコという大帝国を立てる。その末裔が、今のトルコ共和国につながっていく。今あるトルコ共和国は、第一次世界大戦後の欧州列強国の線引きによって縮小された形になっているが、もともとは、旧ソ連邦に吸収されていたグルジア、アルメニアなどの国々のほか、シリア、イラク、エジプトなどの地域にもまたがっていた。トルコ民族はそのほかにもトルクメニスタン、タジキスタン、カザフスタンなどユーラシア大陸に広範囲に拡散した遊牧騎馬民族といえるのだ。

かつて、トルコ共和国を旅行した経験からして、ウイグル人とトルコ人は、やはりよく似て

ウルムチ、ウイグル人街のイスラム寺院

いる。西と東が、程よく混血している感がある。いずれにしても、かつては草原を疾駆する遊牧の民だったのだろうが、今はウイグル帽をかぶり、陽気なオアシスの民である。

シシカバブーの串焼き屋が何軒か並び、臓物を売る店も続いた。ぼくらはどこかの一軒に座り、シシカバブーを食べようということになった。

同じような店が三軒並んでいる。右に漢族の、白い帽子をかぶった若者の屋台。中央にロシア人的風貌の大男の店。そして左にウイグル人風の細く長身の店である。

さあどこにしようかと、逡巡する。

「こっちの肉のほうが大きいぞ」

ケースケが、漢族白帽子の店を見ていった。

「ここは白身が多いな」

リキ君が、ウイグル長身の店を見ていった。

屋台の男たち三人は、異口同音に、自分の店に座

れといって、呼び声を高く上げた。どうする、どうしようと迷っていると、あのウイグル長身が、ぐいとぼくの手を引く。勢い込んで座ったのは、ロシア風大男の椅子だった。リキ君もケースケも座ることになる。ウイグル長身の呼び込みでロシア大男の椅子に座ることになってしまった。これでは漢族白帽子にも悪いし、ウイグル長身もかわいそうな気がする。

「何本焼くか」

ロシア大男が嬉しそうに聞いた。われわれは各自の腹と相談した。串は充分に長い。とりあえず、一人三本と決めた。ぼくはいった。

「三本！」

「えっ、それだけか」

ロシア大男は、そんな顔をした。それでは一人一本ではないか。

次いで、漢族白帽子にも三本を注文し、あわせて、ウイグル長身にも同数を注文した。こうすれば、三軒仲良く商売繁盛。よし、やった。漢族白帽子もウイグル長身もさっそく、焼きに取り掛かる。おもしろくないのは、ロシア大男である。と、むこうの方で笑い声がおこった。臓物屋の屋台のおばさん数人が、こちらのやりとりをずっと見ていたらしい。手をたたいて笑いこけている。ロシア大男は、憮然としている。

さっそくリキ君が、他の店へビールを買いに走った。

肉の焦げた香ばしさの後に、塩味の肉汁のうまみが口いっぱいに広がり、その中に脂身のうまさも混じる。羊の肉とはいっても、何の臭みも感じない。しかしブリキの串は焼けて熱いので、歯で肉を挟むにも技術を要する。それがシシカバブーを食べる醍醐味でもある。三本はまたたくまにたいらげたので、あと一人二本をそれぞれの店に追加した。ロシア大男は、相変わらず機嫌が悪い。白帽子とウイグル長身が、なんとなくなだめている感じである。むこうの臓物屋のおばさんは、まだ笑っている。

このシシカバブー屋は、漢人、ロシア人、ウイグル人と、それぞれ民族は異なっているが、とりあえず仲良くやっているようだ。きっとイスラム教徒なのだろう。漢族の若者は白い帽子をかぶっているのだ。

あわせて十五本をたいらげて、席を立った。この串はおれんとこだ、これはお前のとこだ。男たちは山となったブリキの串を仕分けしている。ぼくの口のなかには香ばしい羊の肉の味に混じって、ブリキの酸味が残っていた。

さらに歩を進めてしばらく行くと、寺院の前に来た。ぼくらは首をかしげた。「東坊寺」という看板をかかげている。しかし、お寺というわりに、柱や壁に、ペンキの原色が塗りたてられている。円蓋屋根の上には三日月のマークがある。境内に入った。内部は絨毯が敷きつめられて、がらんとしている。正面のあるべきところに祭壇はない。こ

羊の頭、ひとつまるごとの塩ゆでは最高のごちそうだというのだが…。

れははたして仏教寺院だろうか。

境内の脇の壁に向かって、何かを描いている男がいた。漢族風の若者である。ウイグル文字なのか、絵文字のようなものがくねくねと並んでいる。その中で唯一読めるのが「三一体」という漢字。キリスト教でいう「三位一体」の意味だろうか。男は一心に白いペンキでくねくねと書いている。ますます首をかしげる。仏教に「三位一体」の概念などないはずだ。仏教寺院の建築様式であるが、イスラム教の寺院らしい。

牛乳ビンの底のような厚い眼鏡をかけた初老の男がどこからか現れた。この寺の住職のようだ。住職とはいわないかもしれないが、漢族らしいその風貌からして、そう呼びたくなるのである。寺院の姿を借りているものの信仰の対象になっているのは、ブッダではなくアッラーというわけで、これで塔（ミナレット）に三日月がなければ、てっきり仏教寺院である。

もしかしたら、とぼくは考えた。もとは仏教寺院だったのだが、なにかの都合で改宗したのだろうか。たとえば仏教徒の数が激変してしまったとか。そう考えたくなるのは、なにしろ名前が「東坊寺」なのである。建築様式も、どこか中国的だ。

しかし、ああ、なるほど、とぼくは思い至ったのだ。この仏教寺院様式を思わせる建物が、イスラム寺院であるというミスマッチは、よくよく考えてみれば、これこそまさに中国的といえるかもしれないのだ。

仏教の生まれた古代インドには、中国や朝鮮、日本に見られるような仏教寺院の建築様式はあるはずもなかったのである。石、レンガもしくは粘土で半球形の伏鉢をつくり、その上に重

「東坊寺」の看板，そのむこうの月の輪が，
なんとも首をかしげたくなる光景であった。
「住職」は仏教でも，イスラム教でも，
中国においては「住職」なのである。

層の相輪を乗せているのが本来のインドの仏塔である。仏教が中国に伝わったとき、インドと中国の、当時の大きな二つの先進国の文化は融合した。その結果、今のような仏教寺院の建築様式ができあがった。つまりこの寺院の様式はそもそも中国的なのである。それがそのまま日本に入ってきているから、ぼくらの中にはそれへの慣れがある。

もっともこの「寺」という字は、本来役所を意味した言葉らしい。役所とか宮殿のような楼閣建築が、仏教がやってくる以前に存在し、この字が当てられていた。仏教という宗教的概念は、あとからそこに入っていって定着したものと思われる。

仏教であれ、イスラム教であれ、宗教という観念的抽象世界を建築という具体的な形に置き換えるときに、自国の様式を譲らないという点において、これはまさしく中国的な風景と呼びたいところなのだ。

たとえばシルクロードのその昔、インドから招かれてやってきたであろう僧侶たちは、この中国仏教の寺院様式をみて、自国のそれとははなはだ異なっているのに驚いたことだろう。ぼくらが今抱いたような違和感を覚えたにちがいないのである。日本の仏教様式が、いかに本場のインドよりは中国的になっているか、逆に実感できる光景ともいえるのだ。人種の流れが多岐にわたって交錯するこの地域の、しかもイスラム寺院という様式のなかにあっても、中華思想は健在であるということか。

そしてここは漢族社会の中のウイグル人街である。両者は棲み分けをしているかに見える。そこにロシア風も混じる。歴史的にはどちらが先に住んでいたのだろう。おそらくいつの間にか、共生していたのかもしれない。民族的には複雑な均衡の上に成り立っている世界なのだろう。民族対立が見かけ上顕著でないのは、たとえばパレスチナとイスラエルのように、宗教的な対立がその根底にあるのと異なり、中国社会が宗教的な激情を持たないからかとも思えるが、それよりなにより両者の政治的力が圧倒的に違うという大前提が背景にあるのだろう。潜在的な経済の不平等が、街路のここかしこに感じられるのは否めない。

メガネ男に写真を撮ってもいいかと聞くと、何を勘ちがいしたのか、自分が撮られると思ったらしい。ぼくの手を引いて、寺院の外に連れ出した。「東坊寺」の看板の下に立って、身体を少しななめにして、ポーズをとった。写真を撮り終えると、ポケットから名刺を取り出して渡してくれる。どうやら送ってよこせということらしい。名刺の肩書きは、「東坊寺住職・理事長」となっていた。

南山牧場、馬と少年

何十頭という馬をあやつった集団が、一斉におしよせて来た。なにごとだろう。裸競馬のお祭りでもやっているのだろうかとみていると、彼らの向かってくる先は、どうやらわれわれのバスではないか。乗馬しているのは、いずれも少年が多く、中には飾りのついた帽子をかぶったロングスカートの若い女たちの姿もあった。

その風景は、ヨーロッパならさしずめスイスといった印象である。まわりの山々が、緑一色の草原におおわれている。山々に木があるのが、不思議にすら思う。砂漠の不毛な色ばかりみてきた目には、この緑がとても鮮明に映る。標高差がわずか違うだけで、これほど緑が多くなるのだろうか。

ウルムチについた翌日、われわれはウルムチの南、天山山脈の北麓に広がる南山牧場を訪れることにしたのである。われわれの乗ったバスが山の中のパオが目立ち始めるところまで来ると、入場料ということか、いくばくかの金を払わされた。そして緑の山々に囲まれた草原の拡がる地点に到着したとたんに、バスは馬の群れに囲まれたのである。

ともかく、どれかの誘いに乗らなければ、この馬の包囲網の外には出してもらえない感じである。この観光地に来てやることといったら、どうやら馬に乗ることらしい。馬上からさかんに、カザフの少年たちの声がかかる。

青いセーターを着たその少年は、最初からひときわ目立っていた。草原にバスが現れると、真っ先にバスと並行して走りだしたのも彼だった。十二、三歳だろうか。目つきが鋭く、精悍な感じである。ぼくは彼の馬に乗ることに決めた。リキ君もケースケも、それぞれ相棒を決めた。

しかし、なにせ言葉が通じない。少年たちが指さす方へ、とりあえず行ってみるしかない。ぼくらが鞍にまたがると、少年たちはちょうど馬の尻のあたりに乗る。後ろにいて、こちらの操作技術の拙なさをおぎなうのである。三頭は一列になって出発した。

折しも今日は日曜日である。大勢の中国人の観光客がやってきている。一角では、さしずめどこそこ商工会御一行様という団体がいて、囲いのなかに全員が入り込んで、豚を追い回すレースのようなことをやっている。豚の末路が容易に想像できる。われわれ同様、少年たちの馬に乗せられて、緑の斜面を登っていく姿も何人かある。民族衣装の美しいお姉さんの馬に乗っているのもいる。やっぱりあっちのほうがよかったかなと、ちらりと思う。

視線が高くなったせいか、自分が普段よりえらくなったような感じがする。景色がいつもより広く遠く見わたせるのだ。馬は従順に一定のリズムで歩行を続ける。栗色の肌がつやつやと光る。背後の少年がときおり、掛け声をかける。しかし次第に尻と内股が痛くなってくる。斜面の、森のはしの木陰のところまで登り、われわれは馬から下りた。足元がふらふらした。

木陰で涼をとりながら、身振り手振りで少年たちと話をした。ぼくの相棒はなかなか利発そうである。勘がいいというのか、こちらの質問にすばやく答える。名前はセリハン。十五歳だと彼はいうが、どう見てもサバをよんでいる。リキ君の相棒は、丸顔の、頬っぺたが赤く、終始ニコニコしていて、お人好しの感じである。ケースケの相棒は、三人のなかで一番年長の、冷静で、無口な少年だった。一歩距離を置いて、ものを静観するタイプのようである。なんだかこちらの三人の少年たちのほうがよっぽど、西遊記の登場人物にあっている。リキ君とケースケをここに残して、代わりに彼らを連れて行ったらどうだろう。猪八戒に、馬までそろっているではないか。師匠は密かに、そんな不埒なことを考えた。三頭の馬は、木にしばられるでもなく、近くでゆったりと草をはんでいる。

涼みながら、みんなにオカリナを一曲披露した。好奇の目を輝かせたのも、セリハンだった。ぼくはこの少年が、気に入ってしまった。ウェストバッグからノートを取り出し、ちょっと動かずにいろよ、と日本語でいって、彼をスケッチした。十五分ほどの間、セリハンは静かにモデルを務めた。他の少年は、ぼくの背後に来て、声を上げている。少年ながら、セリハンはなかなかいい面構えだ。目先が鋭く、鼻筋がすっと通っている。いかにも遊牧騎馬民族という感じである。

あの長城の北、ユーラシア大陸の中央部には、年間降雨量五百ミリ以下という大乾燥地帯が広がっている。草や灌木がまばらに生えているような草原地帯もある。騎馬民族が、縦横に走

カザック族の少年の名はセリハン。この面がまえは騎馬民族であることに、誇りをもっている証のような気がするのだ。

っていた世界だ。したがって、農耕民族たる中国の人々の、北に対する脅威は、容易に想像することができる。ペンを動かしながら、しきりにそんなことを思う。

カザフ族はウイグル族同様、トルコ系である。しかしこの少年たちのその風貌はモンゴル系を思わせる。トルコ共和国にいるトルコ人とはおよそかけ離れた顔をしているが、それは今のトルコ人がアーリア人との混血を果たした結果なのである。少年たちの先祖は、どこからやってきたのだろうか。はたまた、長い歴史を通して中国を脅かし続けた匈奴《きょうど》との関係はどうなのだろうか。万里の長城の北の住人たちとも、どこか血脈がつながっているのではあるまいか。

馬に乗るというのは、なんとも男の血をたぎらせる行為であることか…。しかし、子供がこちらの操作技術の拙なさをおぎなうのであるから、あまりいばれた図とはいえない。

そもそも中国の戦国末期には、七雄と呼ばれる国々が群居した。秦、楚、燕、斉、趙、魏、韓、がそれである。これらの国々がそのまま続いていたら、ユーラシアの東も、ちょうどヨーロッパのようになっていたかもしれない。始皇帝の絶対主義的独裁がそれを阻んだともいえる。彼は国内を統一すると同時に、当時すでに築かれていた、燕や斉などの長城をつなぎ合わせ、北の騎馬民族に備えた。東に東胡、西に月氏、そして中央に匈奴《きょうど》と呼ばれた遊牧民族国家対策である。この匈奴は、トルコ系とも、モンゴル系ともいわれ、とくにその時代、勢力を拡大していた。古代のトルコ系民族はその後、前三世紀頃には鉄勒とよばれ、六世紀の頃になると突厥と名前を変えて、隋を脅かすことになるのだ。現在でこそ、トルコ共和国は地中海と黒海に囲まれた地理的位置にあるが、その昔は長城の北にいたということが、まずもっておもしろい。

スケッチを終え、それを彼にみせる。にっこりとうなずく。

再び馬に乗る。自分がにわかに騎馬民族の一員になったような気分である。なにしろ、彼を、彼らを、日本人の集団の中においたとしても、さほどの異差は感じられない。彼らとぼくらとは、遠い昔につながっているはずだ。彼らは遊牧の民であったから、文字を持つのが遅れた。彼らの歴史は見えづらいのだ。古代の中国側が勝手に、「匈奴」などという蔑称をつけているだけなのである。

午前中の乗馬体験を終え、昼食となった。バスの駐車してあるところに食堂がある。ぼくらが円卓を囲むと、少年たちは、外で待っているという。昼食はとらないらしく、石蹴りのような遊びを始めた。なにせぼくは、

民族衣裳に着飾ったお姉さんたちは、いずれおとらず、誰もが美形ぞろい。

過去に遺伝子を共有しているという仲間意識に目覚めてしまっている。少年たちに、焼きうどんのようなものをおごることにした。テーブルについて、うどんが出てくるのを待っていると、まだ驚きもさめやらぬというふうにリキ君がいった。

「しかし、いきなりでびっくりしたよな」

ケースケが応じた。

「あのおっさん、なにをおこっていたんだろう」

先ほど尾根を通過したときのことなのだ。右手に牧場らしき柵があり、その中に数頭の牛が飼われていた。帽子をかぶった初老の牧夫がいて、その男が少年たちに何ごとか、怒鳴り声を上げた。柵の脇に、なにを怒っているのか、こちらにはわからない。すかさず、リキ君の相棒、丸顔の少年が何ごとかやり返した。牧夫はそれを聞いて激高した。走り寄ってきて、丸顔少年を馬から引きずり降ろし、二発三発少年を叩いた。少年は泣き声を上げた。察するに、かの親父はこんな風に怒鳴ったのではあるまいか。

「お前ら、金かせぎのために、そんなことしくさって。おかげでわしの土地が荒らされる。他のとこへ行け。まったく中国人のいいなりになりおって。世の中、変われば変わるもんだ」

すると少年、

「そんなことをいったって、おっちゃん、おれたちにも生活というものがあるんや。それに、道はみんなのためにあるんとちゃうんか」

多分そんな感じである。

少年が泣き出したので、事態はそれ以上には進まなかった。親父の姿が見えなくなると、少年たちは、口々に悪態をつき始めた。たくましい限りであった。

ぼくはいった。

「騎馬民族の誇りかもしれないな」

農耕民族たる漢族は今や、観光旅行で団体をなして、彼らの領域に入ってきて、豚など追い回している。遊園地で乗馬体験をする感覚で、カザフの女、子供の操る馬に乗っている。それが彼に、おもしろかろうはずがない。

「その昔だったら、騎馬軍団を組織して、どこかの国に、略奪にいっていたのかもしれないぞ」

そもそも「鉄砲」というものの発明がなされるまでは、戦争の優位を決定づけたのは、「馬」の存在だった。漢の武帝が、西域の、パミール高原北部の盆地にあるフェルガーナの名馬、汗血馬に執着したのは有名な話である。ぼくは、おもしろい話があるんだ、と前置きして話した。

三、四世紀に、このユーラシア大陸には大きな事件があった。フン族によるヨーロッパ侵攻である。フン族の英雄、アッティラがローマのすぐそばまで攻め込んだのである。そのときのヨーロッパ人たちがみたフン族の容姿を記した文章が残っていて、それがとても興味深い。

「あれは頭ではない。コブみたいなものだ。コブのなかに、目とはいえない、針の穴みたいなものがポッとあいているだけである。顔にはヒゲがボソボソとしか生えていない」

まさにモンゴロイドの特徴をあらわしている。髭がなくて一重瞼、つるりとしているのは氷点下五十度という寒冷地に適した形質を持った北方民族の特徴である。むろん、われわれ日本人も、この遺伝子をたぶんに受け継いでいるはずである。

当時のヨーロッパ人にしたら、髭がない男というのは、男として失格なくらいの意味合いがあっただろうが、しかし髭がボソボソではあっても、このフン族は強かった。ヨーロッパの大半を蹂躙し、ゲルマン民族の大移動も引き起こし、これがローマ帝国を滅亡させ、ヨーロッパをほぼ今のような形にするもととなったのである。東欧の、パンノニア平原にある今のハンガリーは、フンガリア、つまり「フンの国」の意味を持つ。フン族が匈奴かどうかは、定説はないが、モンゴロイドであることに変わりはない。

「いかにも、そんなこと、しそうな顔していますよね」

リキ君が、隣りのテーブルの少年たちを見ながら、にこりと笑った。そういうリキ君も、そんなことをしそうな顔をしている。

有史以前、中国大陸からは、農耕と金属器という文明が日本列島に流入した。次いで有史以降、隋や唐の時代に、律令制や仏教という文化が入ってきた。しかし、歴史的視界の届かない大昔に、原日本人のある部分は、大陸の北方からやってきた。最近の考古学も、おおむねそのような考えである。人種的な親近性を考えるとき、この馬に乗った少年たちに近しいものを感じるのは、ぼくの妄想癖頭のせいばかりとはいえない。

少年たちは、早々に食事を済ませると、先ほどまでの遊びを続けるのか、外に飛び出していった。天真爛漫な弾けるような声が聞こえてくる。

パオのなかの聖母子

遊牧民は、農耕民とは異質の生活様式を持つに至った。そもそも人類が最初にその文明形態を持ったのは、スキタイという民族だとされる。紀元前八、七世紀、黒海の北岸地方に住み着いたイラン系遊牧民の一群である。彼らは「車の住民」とも形容され、四輪とか六輪の車の上にフェルト製の天幕を張った移動家屋を持っていた。遊牧という生活形態は、やがて東進して、古代のトルコ、モンゴルの地に伝播していく。

われわれ今、その遊牧の民の生活の中につかの間入り込んでいる。なぜかは知らないが、なんとも心躍る思いであった。

食事の後、また馬に乗った。ここではつまり、それだけなのである。今度のコースは、道路の右側、さしずめ上級者コースである。遠く眺めれば、かなり急な勾配の緑の山。流れの急な川を渡ると、しばらくは平地が続く。いくつかのパオの脇を過ぎる。それにしても前方の青々とした山の連なりは壮大である。山また山が、一様に緑一色なのだ。とりわけ夏のこの季節は鮮やかなのだろう。

やがて道は、徐々に傾斜を強めていった。こんな急斜面を登るのかと、引き返したくなる。しかし馬は登っていく。さすがに馬の吐く息が荒くなった。途中、息を切らしたのか、それ以上登りたくないという様子を見せてとまってしまったが、少年は、見事にあやつってしまうのだ。急な斜面をジグザグに登っていく。振り返ると、リキ君もケースケも、ゆっくりゆっくり斜面を登ってくる。源義経の「鵯越の逆落とし」というのは、上るのではなくて下るんだからもっと怖かっただろうなと、やくたいもないことが頭をかすめる。

われわれはシュクシュクと列をなして、つかのま騎馬民族気分にひたった。馬はそのあと、とんでもない急坂をジグザグに登ることになる。

　あまりの急勾配だが、馬と少年を信じるしかない。落馬すれば、どこまでも転げ落ちていくだろう。へたをすれば命にかかわる。急斜面を転げ落ち、剝き出しの岩にでもぶつかればそれ

緑のジュータンを敷きつめたような山のあちこちのスロープに、パオが点在してある。ここには、われわれの計り知ることのできない世界があるように思う。

までである。怖さはあるが、わずかに冒険心のほうがまさる。馬は一歩、また一歩、足場を確かめつつ、歩を進めて登る。そのつど馬の肩や腿の筋肉の動きがはっきりと伝わってくる。

背後のセリハンが声をあげた。指さすところを見ると、小さな動物がいる。ライラックに似ている。穴から三匹ほどが顔を出して、こちらの様子をうかがっている。別になにもしないからね。こちらは今、それどころじゃないからね。ちらりとそちらに視線を走らせただけで、全神経を馬の背に集中して、さらに急斜面を登った。

登り切ったところで、馬から下りると、リキ君に続いて、ケースケも到着した。

「けっこうやばかったね。死ぬかと思った」

「馬がこければ、アウトでしたね」

一同、しっかりと冷や汗をかいて、命拾いをしたような気分である。考えてみれば、こんな危険な目にあうことなど、今の日本にはなくなってしまった。安堵の吐息をついて、タバコに火をつけると、セリハンが一本くれという。ためらわずに差し出し、他の二人の少年たちにも配った。馬に乗ることに関しては彼らが先生なのだ。彼らにはタバコをすうだけの資格があるとあぶない錯覚をしていたのかもしれない。第一、危険と隣り合わせの日常で命の値段が安ければ、未成年者に対する法の規制などないに等しいのである。

「しかし、うまそうにすうよね」

ケースケが感心したようにいう。なるほど、根元までおいしそうにすう。

小休止の後、尾根を渡った。

さらに進むと、左手に白いパオが見えてきた。セリハンが背後から、ぼくに何かいう。あそこによっていこう、といっているようだ。馬をとめた。彼は何か飲む仕草をし、スタスタとそのパオの中に入っていく。リキ君とケースケが到着し、馬から降りた。

遊牧民の日常生活をみるチャンスかも知れなかった。どうみても観光のために用意されたものではない。一般人が生活しているのである。しかし、そんなところへ、いきなり入っていっていいものだろうか。ためらいの気持ちを心のどこかに残したまま、意を決して、中に入った。ぼんやりとした、円形の空間があった。その奥まった中央に、赤ん坊を抱いた母親が座っていた。その脇に小さな姉妹が二人。左には、長女とおぼしき中学生くらいの娘が、何かしていた。羊の皮袋をゆすって、そこから白い液体を出そうとしているのだった。

やっと事態が理解できた。少年たちはここで、われわれにヨーグルトを飲ませようとしているのだ。これも彼の考える「観光ルート」のひとつなのだろう。同時に、先ほどのためらいが気後れに変わった。おそらく母親の側から見たら、見ず知らずの男たちがいきなりやってきて、三人が入口に立っているのである。逆光で、われわれの姿もよく見えないかもしれない。われわれは土足で人の家の座敷に上がりこんだも同然なのである。しかも亭主は不在だ。後悔したが、今となってはもう遅い。

母親はしかし毅然と、ぼくを正視していた。その視線に射すくめられた思いだった。なにか神々しい。左手に赤ん坊を抱えているその姿は、マリア像の絵をみているようだ。後光が射してはいないまでも、母性の厳粛さがある。一瞬、いずまいを正す気分にさせられた。

　しかし、ぼくのとった行動は軽薄だった。右手に持ったカメラを、左手で指さし、次いでその指をあげて、「1」を示した。彼女は視線をすえたまま、ゆっくりとうなずく。カメラを構えようとすると、脇に居た二人の小さな女の子が、母親にすり寄った。ぼくの行為はその子の恐怖心をかきたてたのだろうか。写真を撮ることが、一種の暴力のように思えて、ぼくはカメラをおろした。カメラを怖がった子供が、双方の気持ちの橋渡しをしてくれたのか、彼女の表情に初めて、微笑が浮かんだ。

　欠けたドンブリに、波々と満たされた白い液体を、ぼくら三人は次々にまわし飲みした。ヨーグルトはしかし、酸味と特有の匂いが強く、口をつけただけで、かなりの量を残してしまっ

円錐形のその空間で、母親は「聖母」のように映った。羊の皮袋をゆすって、長女とおぼしき娘は、かけたドンブリにヨーグルトをなみなみと注いだ。

た。残りはセリハンと二人の少年が飲んでくれた。

セリハンにいわれた金額を長女の娘に支払い、そこを後にする。母親の、あの神々しいほどの視線だけが、いつまでも心に残った。

ふたたび馬に揺られる。

それにしても思うのだが、パオの移動生活とは、なんと簡素で、しかし自由な尊厳に満ちていることか。内部には、家具と呼べるようなものがほとんどない。季節によって、場所を変える生活は、家畜が食べる緑を追い求めての旅ということになるのだろう。広大な草原地帯を、時に東に、時に西に。

その生活はわれわれの定住生活とは根底から違うものだ。一言でいえば、定住生活者の文化というものが一切ない世界である。移動手段も馬とみずからの足以外にはなにもない。彼らは家ごと、必要に応じて、引越しをする。彼らが移動するのは、家畜のえさである豊かな草原を求めてのそれだけだ。街並みなどできるはずがない。テレビもなければ、洗濯機もない。病院もなければ、学校もない。彼らが持っているのは家族と家畜のみだということができる。その生活は、自然と一体化し、自然から許される範囲内で営まれている。彼らを人間たらしめているものは、馬や羊などの家畜を支配する動物で、その家畜から得られるものを糧としているという一点のみだ。その家畜の生命は、そこにある自然に支えられている。彼らは、自然によって支えられる家畜によって、みずからの生命を保証されている。

それに対して、農耕民族は、定住して生産することで、それに適合した文明形態を編み出してきた。農業という生産活動は余剰の富を生み出し、お互いによりあって、協力しあう生活を必然化した。人が集まれば商業などの経済活動が生み出される。富は不均衡化する。その不平等を解決する力学としての戦争。その結果としてのさらなる富の不均衡。その不均衡をコントロールする政治と、宗教。これらは、すべて遊牧の民からみれば、奇妙なものに思えるにちがいない。

この両者に優劣をつけることはできるのだろうか。少なくとも生活の利便と欲望の充足という点から見れば、一見定住文明は優位に立っているかに見える。ぼくらがあの聖母子に、なにがしかの代価を支払うことができたように。けれどもあの母親をぼくらが神々しいと感じたように、母親はぼくらに何かを感じたであろうか。ぼくらはあの代価以外に彼女に与えるものを持っているだろうか。ぼくらは、なにがしかの代償を払うことで、かろうじてあの神々しさにつりあおうとしただけではないか。それが可能かどうかは別としてだ。われわれの文化を誇りうるとしたら、それはわれわれのなかだけのことではないだろうか。そう考えると、天山山脈の麓の大草原の中で、ぼくは自分の存在の卑小さをいやおうなく思い知らされるのだった。

ぼくらを乗せた三頭は、粛々と列をなして、なだらかな斜面を下っていった。

出発地点に戻りかけようとする頃、川のむこうに見える一軒のパオに向けて、背後のセリハンが大声をあげた。

「アムトン、……アムトーン！」

やがて、一人の少年が顔を見せた。友達らしい。一刻の間を置いて、少年がこちらに走ってくる。彼が手にしていたものを差し出した。黄色みを帯びたぬるりとした塊である。セリハンが手を口に持っていき、食べてみろという。どうやらチーズであるらしかった。小さく割って口に入れると、先ほどのヨーグルト同様、特有の癖のある酸味が口の中に広がった。ぼくはまたも打ちのめされた。セリハンの好意を無にはできなくて、うまいうまいとうなずいてみせたが、残りはウエストバッグに入れて、あとで食べるよと、手を振ったのだった。

こうして南山牧場の一日は終わった。豊かな自然を満喫しつつも、ぼくの心中は複雑で、この二十一世紀の現代において、その生活の基盤を天然自然において、天幕生活をしている人々の存在を改めて考えるのだった。この観光ルートは、いってみればアメリカのインディアン居住区や、北海道のアイヌ人保護区を、見物に行ったような側面を持つのかもしれない。中国という国家の枠組みの中で、彼らがそれとは一線を画して生活していることは明らかだが、急速に進む近代化のなかで、彼らの自然に溶け込んだ生活基盤に未来はあるのだろうかとも考えさせられるのだ。彼らの幸福をぼくらの文化がぬりつぶしていくのではないかという懸念は、ぬぐいがたいものがある。

ぼくには、射すくめられた母親の荘厳な視線が、いつまでも心に残ったのである。

ローランの美女は語る

新疆ウイグル自治区博物館は、石造りのなかなかりっぱな建物である。館内には、この地方で出土した文物を展示する博物館、少数民族の自治区内の生活の様子を説明展示するコーナーなどがあった。

展示品のすべては新疆地区から出土したものである。文書、織物、石器、土器など、砂漠の中からの出土品であるから、どれもがすっかり乾燥しきった感じで、右奥には、この博物館の呼びもの、十体ほどのミイラも安置されている。われわれの行きそびれたアスターナ古墳からのものも、ここに運ばれている。太古のウイグルの貴人というわけだ。夫婦のもの、赤ん坊のものと続く。遺物保護のために、館内は薄暗い。そのせいか、どれもが神秘的な感じがする。

さらに進むと、ひときわ際立った印象で、その一体はあった。「ローランの美女」である。十数年前、新聞の一面に、カラー写真で紹介された。その後日本にもやってきて、一般に公開された。ローラン（楼蘭）出土の女性ミイラである。

「これ、若い女だと、最初思われていたのだけど、実は年がいってたそうなんですよ」

リキ君がいう。

レースのついたオシャレな服装、ブーツをはいて、羽のついた帽子をかぶっている。それだけみれば、確かに若い女性だと思いたい。しかし実際のところは、もっと年齢がいっているらしいのである。

「完全に西洋人の感じがする。金髪だもんな」

三千数百年の昔の、どんな身分で、どんな美人であったかは知らないが、ここまで来ると死体であるよりは古美術品の域に近い。しかし帽子の羽だけが、いやに新しいものに感じられた。服装がしゃれているというか、とても三千何百年の昔とは思えない、モダンな感じすらする。

ローラン（楼蘭）は幻の国として名高い。西域南路のオアシス国家として栄えたが、今は砂漠の中に埋没している。ヘディンの『さまよえる湖』はロプノール湖が、砂漠のなかでその位置を移動していることを発見した記録だが、そのロプノール湖のすぐそばにローランの国はあった。そこに白人種がいたということが、とても興味深い。アーリア人が、古代において、中国のすぐそばまでやってきていたことを実証している。ロシアの南にいたアーリア人が、およそ三千五百年前に南下したのは、地球規模の気温の寒冷化が原因であったという。

子供のミイラは毛布に包まれている。胸元には食物を入れたカゴがあった。

次いで、民族陳列館をまわった。カザフ族やキルギス族、タジク族など、少数部族の生活ぶりが、人形などを使って展示してあった。パオも実際に建てられている。狩の道具や武具、生活用品、楽器なども見ることができる。南山牧場で見聞きしたものが、よみがえった。

西域には、多くの少数民族がいる。彼らが少数の集団をなして、分散しているその要因は、やはり馬の存在が大きいように思う。彼らは定住の民とは異なり、パオを持ち、家畜を連れて、草原を、あるときは東に向かい、あるときは西に向かったのだ。国境のない自由な草原を縦横無尽に移動した。西と東は、この馬の存在をもってすれば、意外と近かったのかもしれない。

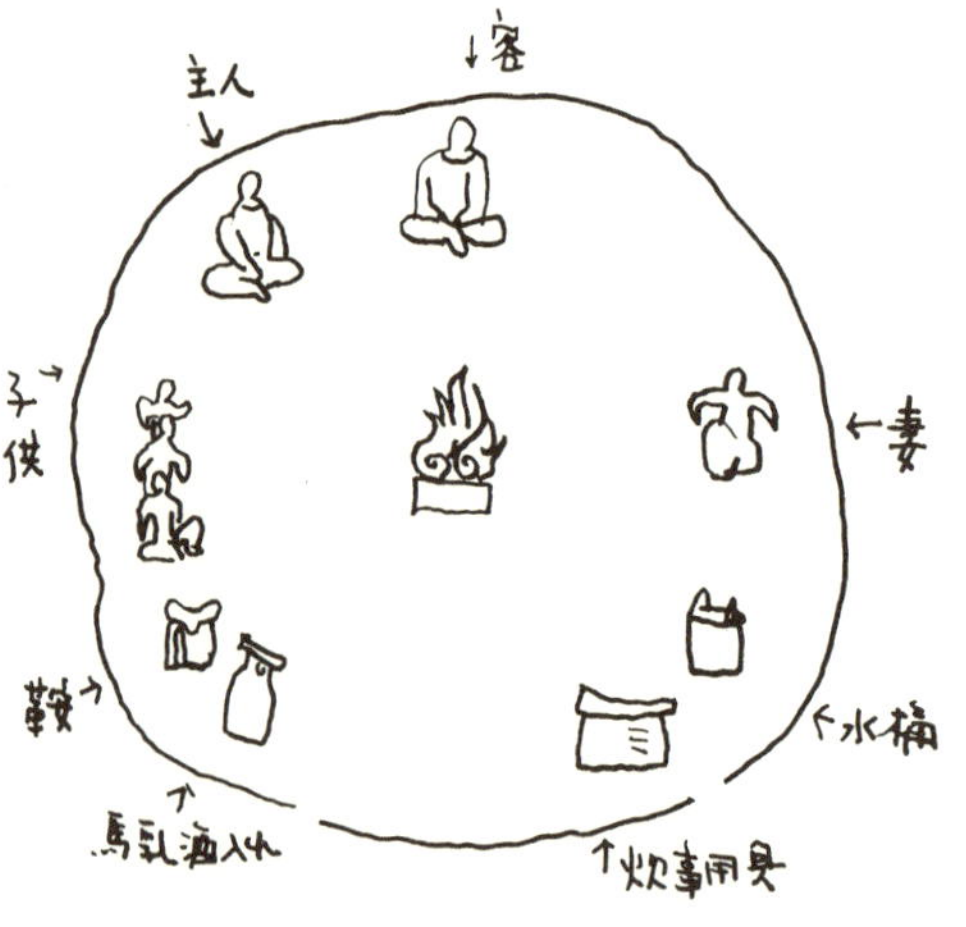

パオのなかの人間・道具の配置には決まりがあるのだという。狩猟用具や馬具など、男が使うものは左、食器や炊事道具は右側の妻の方におくのだ。

陳列館のどの部族も、男性の衣装はあまり変わりがないが、女性たちとなると、あでやかで、それぞれに特徴が感じられる。そういえば、昨日のカザフ族も、男たちはわれわれと同じシャ

ウイグル人街の食堂は昼どきともなると，羊の肉をやく
香ばしい匂いが立ちのぼる。

ツやTシャツにズボンというでたちだったが、女性たちは華やかで、自分たちの美しさを演出する着こなしを、本能的に表現している。「ローランの美女」の昔から、それは変わらないのだと妙に得心する。

売店があって、珍しいものが並んでいる。ウイグル人自治区の物産は、日本ではまずお目にかからないから、なかなかエキゾチックで興味深い。とりわけドタールとか、ロワープという、琵琶とは別の発展をしたのではと思わせるような楽器には、惹かれるものがあった。

ウイグル族の民族音楽のカセットが、全十二巻で売られている。三巻ほど欠けていたが、思わず買ってしまった。さっそく喫茶室があったので、そのテーブルに着き、そのひとつを携帯のカセットに入れて聞いてみる。

そのなかの一曲が、なんとも深い哀愁を帯びたメロディで、すっかり気に入ってしまった。カセットのタイトルと説明文は、漢字とウイグル文字で書かれている。漢字は、ウイグル文字の発音に合わせて当てている感じである。ウイグル文字は、右横書きだから、なにが書いてあるのかさっぱりわからない。使われている漢字から察すると、『ラクグの鈴』というタイトルだろうか。ラクダ使いの男が、灼熱の過酷な砂漠の一日の旅を振り返り、苦労をともにしたラクダに語りかけているような味わいがある。

「なんか、いろんな人がいるよね。人の表情を見ているだけでおもしろい」

ケースケがいった。

「あの人なんか、どうみてもロシア人ぽいもんな」

リキ君がいう。

なるほど、ロシアの国境に近い町だけあって、喫茶室の向こうの席には白人のそれらしき大男がいる。そしてカウンターの向こうにはここの従業員らしい漢族の長身。さらにウェイトレスの一人はウイグルの娘にちがいない。

確かにウルムチには多民族が交じり合って生活している。もちろんもっとも多いのは漢民族で、全体の三分の二を占める。ウイグル族が一割余。カザフ族、モンゴル族など、民族の数は四十を越える。

曲に聞き入りながら、ぼくはこの喫茶店の「言語学的民族分析」とでもいったものについて考えていた。


ロシア大男……………インド・ヨーロッパ語族。アーリア人の末裔。十七世紀以降のピョートル大帝の野望、東方への国土拡大政策により、この地まで進出しているものと思われる。

漢族長身……………シナ・チベット語族。自ら長城を築き、北方騎馬民族と断交し、東に吹きだまり、増殖した種族。その一部は今、トルコ族のいたウイグル自治区に進出し、大国中国の威厳を背にこの地を支配している。

ウイグルおさげ娘……アルタイ語族。もとはトルコ系で、長城の北の、草原の遊牧民だが、南下、あるいは西進し、アーリアンとの混血がいちじるしい。よって美人多し。

これはなかなか興味深い。三つの言語上の人類のサンプルが、今一堂に会している。それでは、ぼくらは、どういう風に分類されるのだろう。しばらく考えてみて、以下の結論に至った。

日本人暇風旅行者……アルタイ語族らしい。モンゴル、ツングース系かと思われる。南方系の縄文人と呼ばれる一部原住民とも混血が認められる。漢族に似ていなくもない。

そこでぼくは気がついた。わがアルタイ語は、その原初において、オリジナルな文字を持たなかったということだ。ウイグル文字は、トルコ文字同様、文字としてはアラム文字を起源とするソグド文字をもとにつくられる。つまりアラビア・ペルシャ系である。それはモンゴル文字、満州文字のもとになる。朝鮮文字、すなわちハングルは、周知のように十五世紀、李朝の第四代、世宗の考案したものであり、日本語のひらがな、カタカナに相当する。日本語同様、いずれも、漢字をもとにして生まれている。つまりアルタイ語は、西においてはインド・ヨーロッパ語から、東においては、シナ・チベット語から、文字を拝借し、発展させていったということがわかる。

「な、暇風旅行者は、もとはトルコ系と関係が深いんだよ」

ぼくは、思いついた自説を、若者の前で披露した。

「なんだかややこしい。なんで文字を借りなきゃならんかったんですかね」

リキ君は師匠の説に疑問を呈した。

「それはたぶん……」

しばらく考えたあと、さらに説明を加えた。

その理由は、農業生産という経済手段をもたなかった、あるいはその開始が遅れた点に要因があるように思えた。文字の発達は、経済の発達とおおいに関係がある。中国文明の場合は農耕経済の発達の上に築かれ

ロシア大男、漢族長身、ウイグルおさげ娘の三つの言語上の人類サンプルをみながら、暇風旅行者はしばし珍問答を展開したのであった。

たが、アルファベットのもととなったフェニキア文字は、海洋貿易の商業活動から生まれた。

むろん、どの民族も、文字は持たなくても、話し言葉は持つ。騎馬民族たちにも、同じことがいえる。もちろん話し言葉を持っていた。しかし、文字を持つのが遅れた。というよりは持つ必要がなかった。彼らが文字を使用し始めたのは、ごく新しい。したがって、彼らの歴史は見えにくい。

「ね、中国側の文献からしか推測できないんだもの。だからときに一方的になる。まあ、それが古代史の解明をむずかしくさせているし、おもしろいところでもあるけれどね」

ぼくは自分のこの考えにのめりこんでしまった。騎馬民族と農耕民族、この両者の文化を言語的に比較してみると、どうなるのか。

「日本は農耕民族ですよね」

リキ君は、ソーダ水を口に運ぶのを、途中で止めた。

「まあ、そうだけれど、ほんの二千何百年昔からだものな」

話し言葉と、文字の関係は、日本語の発展の経過を見ても、容易に推測がつくように思えた。古代日本語はむろんあったし、われわれの遠い祖先は、古い日本語を話していた。が、文字は持たなかった。農耕が発達し、国家が成立する。支配、被支配の関係によって統治の体制が生まれると、文字の必要が出てくる。まず漢字を借用した。『古事記』や『万葉集』が、表音に漢字を当てて書かれていることをみてもわかる。「ひらがな」や「カタカナ」の発明は、日本社会に貴族階級が生まれ、成熟してからのことだ。農耕経済が確立し、階級が成立したところに、初めて発生する。

「そうだよな、百姓していて、文字なんか書いてられないものな」

「そうだろ。百姓はそれどころじゃないんだよ」

ぼくらの思念はたどたどしく、飛躍したり、つんのめったりしながら進んだ。

周知のように、日本語とトルコ語は、親戚筋に当たる。アルタイ語族は、膠着語であり、トルコからモンゴルまで、さらにツングースの満州から朝鮮半島を経て、日本列島にいたるまでの領域に広がる。日本語の成り立ちについては諸説あるが、日本語と朝鮮語の古語の類似、モンゴル語との文法的な類似などを考えると、密接な要因があることはいなめない。そうそう、ウルムチの北には、アルタイ山脈があった。

あらためてカセットの文字を眺める。漢字からその曲のタイトルの意味を探ろうとする。

その文字を指差していった。

「漢字とウイグル文字。漢字がぼくらに読めるのは、その昔にその文字を拝借したからだよな。けれど、日本語の発生の起源をたどっていけば、そのルーツは別のところにいく」

「それがモンゴルやトルコに関係がある」

「そう、このなにが書かれているのかさっぱりわからないウイグル文字のむこうの言語に、そのもとのルーツがつながっている。たぶんね。なんとも複雑だけど、おもしろい話じゃないか」

若者二人は、反論も疑問も呈しないだけという感じで、師匠の説に耳を傾けていたが、やおら、ケースケがまじめな顔になって質問した。

「じゃあ、あのローランの美女は何語を話していたんだ」

いささか、虚を衝かれた思いだった。

「それはたぶん、インド・ヨーロッパ語だと思うけれどな」

にわか言語学者は、確信をもって答えることができなかった。

確かに、このローランの美女は、生前いったい何語を話していたのだろうか。古代西域で使われていた言語はホータン語、ソグド語、キジル語、トハーラ語などがあるらしいが、これらの言語はすべて印欧系であるという。前二世紀の中国前漢の旅行者である張騫《ちょうけん》は書いている。西域人はみな、「各國はまったく言語を異にしていたが、風俗は非常によく似ており、たがいに相手のことばを知って」おり、「眼がくぼみ、あごひげ・ほほひげが多」いと（世界文学大系『史記』筑摩書房）。これもまたアーリア系の特徴を有しているといわねばならない。

ユーラシアの最深部は、ことほどさように複雑である。三千数百年前の白人のミイラの近くで、ぼくらは今、トルコ系の音楽を聴きながら珍問答をしているのである。

天山山脈を越えて

タクラマカン砂漠は東西の人間の交通交易を拒絶するように、不毛な灼熱の礫の荒野として横たわっている。もし人が東から西へ向かおうとするなら、道は三つ、天山山脈とタクラマカンの間の道である天山南路、天山山脈の北麓をたどる天山北路、そしてもうひとつ、敦煌からタクラマカン砂漠と崑崙山脈の間のオアシスの町を縫う、西域南道である。

玄奘と並んで、五世紀に入竺をはたしたもう一人の僧法顕は、その道中の困難さについてこう言っている。

「沙河中はしばしば悪鬼、熱風が現われ、これにあえばみんな死んで、一人も無事なものはない。空には飛ぶ鳥もなく、地には走る獣もいない。見渡すかぎり行路を求めようとしても拠り所がなく、ただ死人の枯骨を標識とするだけである」

昔日のシルクロードの旅が、命を賭したものであったことがわかる。ウルムチで三日間を過

「ただ死人の枯骨を標識とするだけ」
5世紀の僧、法顕は書き残している。

ごしたわれわれも、いよいよこの地を発って、死人の枯れ骨を標識とするタクラマカン砂漠に分け入ることになる。

当初われわれは、天山南路をバスで走破する計画でいた。その道を選ぼうとしたのは、ありきたりな二つの理由からだった。一つには、西域南路より開けていること。そしてもう一つは見るべき遺跡が多いからである。

ところが数日前に起こった白楊川の水害はかなり大規模なものであったらしく、われわれの旅は予期せぬアクシデントに見舞われた。

次の目的地クチャへの切符を買いにいくと、バスはいつ出発できるかわからないというのである。水害の影響で、道が寸断されているらしい。汽車は、もとよりない。しかしこのままいつまでとも知れず足止めを食うわけにはいかなかった。あとは空の便があるかどうか。われわれはいきあたりばったりではあるが、フライトチケットを買いに走った。幸い、空席があった。ただし中国人料金の二倍の外国人料金を払うことで。もしかしたら、三人の中国人の予約をキャンセルさせての搭乗であったかもしれない。ともあれ、われわれのよれよれ旅はまたも、安易に方向をかえることになった。

「なんで二倍払う必要があるんだ」

「ホテルもそうだものな。なんでも二倍だ」

「外国人からよけいに取るなんて、納得いかん」

機内におさまってからも、ぼくらはそんな不満を口にしたが、そこには、外貨を稼ぎたいこの国の経済事情があるようだ。

現代の金斗雲はわずか一時間半の時間で、ウルムチからカシュガルを結ぶ。ちょうどタクラマカン砂漠を、東から西に横断する距離だ。週一回のフライトである。これをバスに揺られて、陸路を走っていたならば、途中オアシスの町、コルラ、クチャ、アクスなどを結んで、二泊三日の行程になっていた。天山南路をバスで走破するのは、魅力だった。だが、いかんせんそのバスが動かないのである。

われわれの旅はちょうどなかばを越えたほどのところだが、なんとか駒を進めることができている。ゲリラ隊であることには変わりはないが、リキ君もケースケも、まずまず元気である。だが、この先になにが待っているか。シルクロードの旅は計算どおりに先が読めるとは限らない。この元気が持続しているうちに、旅の行程を着実に消化していく必要がある。路銀も不十分なら、二人の若者をつれて荒れ野をいく三人旅である。師匠としてはつつがなく旅を完結する責任がある。安直な路線変更を自己納得させながら、ぼくらは機上の人となった。

飛び発ってほどなく、前方に、鋭い山々が連なって見えてきた。砂糖をまぶしたお菓子みたいに、頂上がうっすらと白くなっている。

眼下を見下ろせば、山と山のあいだ、大きくえぐれた谷、さらに小さくえぐれた谷が、水の流れる一本のくねった川のように白く光っている。ところによって、それが行きどまって泉になっている。しかしそれが川であるのか、泉であるのか。干上がって、ただ白く見えているだけなのか、この高さからではわからない。峻険な山容は、ほとんど生命の色を持たない。ただ無機質な岩肌の連なりである。まるで航空撮影のモニターの画面を見ているみたいに、ゆっくりと連山を越す。するとまた、その向こうに新しい連山が現れる。山頂は、今度ははっきりとした雪化粧である。その白く輝く岩肌のところどころが、うっすらと緑色がかっている。どこか軍隊の制服の色を思わせる。それとて生命の色ではない。樹木の緑ではないのだ。ウイグル時間八時過ぎの光を受けて、岩山は陽と陰のコントラストを強く刻んでいる。

三つの高い山脈を、次々に越えた。その向こうは黄土色の広大な空間がひろがっている。機は天山を一気に南下すると、進路を一転、西に向けた。山脈と大砂漠の間を平行に飛んでいく。

左手にキャメル色の大砂漠が広がる。タクラマカンである。ただただどこまでも茫漠と続く不毛の大地だ。大自然が、大自然の意思の赴くままに造作したユーラシアの最深部の姿である。

「あれ、道ですかね」

リキ君が、窓の外を見下ろしていう。確かに道らしきものが斜面の勾配に沿って、無数に、平行に走っている。しかしそれは道であるはずがない。風に運ばれた砂の高低差で、あのような線が描かれて見えるのに違いない。

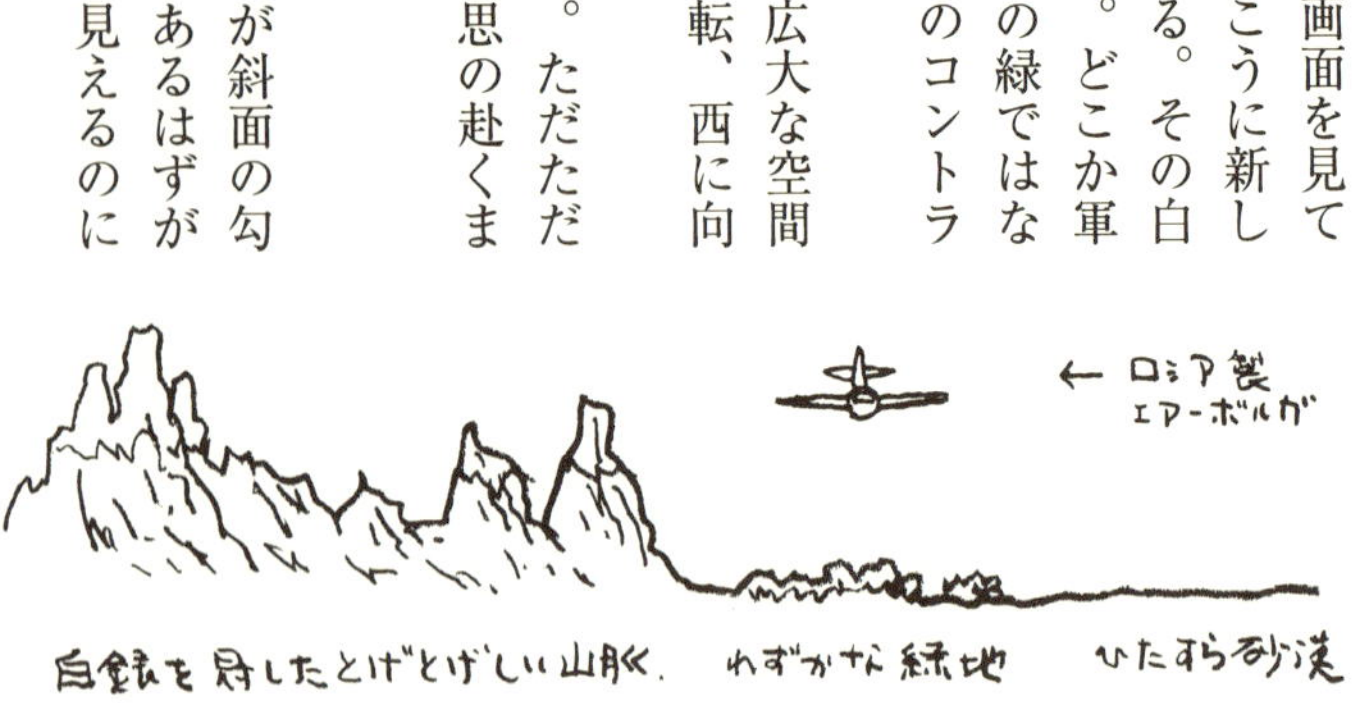

「しかし、あそこをとことこ走っていたかもしれんわけだ」

「やっぱりそっちのほうが、なにかにぶつかっておもしろかったかもしれませんね」

「確かに、ロマンを感じるよな」

タクラマカン砂漠の乾燥は、その南にそびえるヒマラヤ山脈の存在が、その原因を作っている。インド洋で熱せられた海水は水蒸気となり、やがて、ヒマラヤにぶつかるが、それを越えることができない。偏西風に乗って、東南アジアから中国の東海岸を経由して、日本列島に及ぶ。これが日本の風土を湿潤温暖にさせている最大の理由だ。われわれの列島はその恩恵をこうむっていることになる。

「日本人は水と安全はただだと思っている」とはよくいわれることだが、飲料に適した豊富な水というのは列島の山脈に濾過されて、われわれを潤してきた。豊富な水が、列島のすみからすみまで稲作をいきわたらせ、食べていくことに関しては充分なものを可能にしたともいえそうだ。われわれのこの旅は、日本とほぼ同じ緯度をたどって西に向かっているわけだが、日本人がいかに恵まれた環境に暮らしているかという思いは、この旅のいたるところでの経験で実感してきている。大陸の自然の過酷さは、出発前の想像を超えていた。

左手の窓の向こうには、なお延々とキャメル色の広大な大世界が続いている。一方、右手の窓に目を向ければ、天山の白い山並みが、次から次へと連なって現れる。山肌は無機質で不毛な灰色をしている。そのさらに向こうには、広大なステップ地帯が東西にひろがっているはずだ。そのステップ地帯においては、有史の時代ともなると、中央アジアの遊牧民たちの活動が活発化し、トルコ系の人々に見られるような混血が繰り返され、国家の形は、今日見られるような地理的分布に至ったと思われる。それを可能にしたのは、大草原のステップ地帯という舞台であり、その空間を時間的に短縮したのは馬の存在である。中国が土の文化だとしたら、かの地は「草の文化」とでも呼べる世界だろうと想像する。

「あの山の向こうは、草の文化だぞ」

右の席のケースケにいう。彼はしばらく山並みに見入っていたが、やがてポツリと答えた。

「日本人がきた道でしょ」

「そう、たぶんね」

日本列島に最初に住んだ人々は、北方系のモンゴロイドやのちには南方系の人々であり、狩猟採集の縄文人だと考えられている。北方シベリアの少数民族やアイヌ人、さらにはベーリング海峡を渡ったアメリカ大陸の原住民たちと親戚関係にあると思われる。いわゆる先住の原日本人である。

次いで紀元前数世紀頃に北方アジア系のモンゴロイドが、金属器や稲作の技術を持って列島に流入する。弥生人と呼ばれる人々である。この北方モンゴロイドこそ、ツングースやモンゴル、さらにはトルコ族と枝分れしてきた集団だと、考えられている。大方の日本人の遺伝子は、二千年ほど昔に前後して、大陸から繰り返し列島に押し寄せ、増殖したのである。先住の縄文人側からすれば侵略者だ。この大陸からの新参者は、豊かな生産力によって人口を増やし、混血もすると同時に、もともとの縄文人を、南へ、そして北へと追いやった。

とすれば、二千数百年の昔に、ぼくらの遺伝子の大半は、まだ列島に到達していなかったかもしれない。あの長城の向こうにいて、馬に乗っていたとも考えられるし、少しは中国内陸や南の山間で、ひえやあわを作ったり、稲作などをしていたかもしれない。

いずれにせよ、何千年の昔のことかわからないが、日本人の先祖が、この広大なユーラシア大陸のどこかで生活をしていたと空想すると、ルーツの物語は壮大でわくわくする。遊牧民の生活をつかのま垣間見てきたせいか、ともすれば山脈の向こうに思いは飛翔する。古代の東西間の文物のゆききの道をたどりながら、日本人のルーツをたずねて天山の向こう、草原地帯の西に、東に、ぼくの意識もさまようのである。


しばらくすると区画された畑が現れた。砂漠の中に緑地帯がぽっかりと出現する。そして意外と大きな町が現れた。

「クチャかな」

隣りのリキ君に声をかける。

「なんか、幾何学的な模様をしてますね」

なるほど、宇宙のどこかの惑星にできた人工都市のようにも見える。

クチャはその昔、亀慈国と呼ばれた。玄奘三蔵も二カ月あまり滞在している。タクラマカンの北に位置し、ウルムチとカシュガルとを結ぶ、中継オアシス都市である。亀慈の王族の出でありながら名僧となった鳩摩羅汁は、法華経、般若経、阿弥陀経など数多くのインド仏典を漢訳し、東方への仏教布教のいしずえとなった。むろん、それは極東の島にも伝えられた。西域の代表音楽、亀慈楽もここで生まれた。近郊にはキジル千仏洞、タムトラティム千仏洞などの石窟寺院、スバシ古城などの遺跡も多い。隆盛を誇った仏教王国がやがてイスラムの波に洗われて今日にいたるのはここも例外ではないが、天山南路をバスでたどっていたなら、しばしこの地に足をとめ、歴史と文化の変遷のむざんなアイロニーにうたれてたたずむ時をすごしたにちがいない。

そして飛行機はすぐにまた砂漠の上空にさしかかる。道が一本、心細げに走っている。どこか指紋を思わせるような砂の肌。血をたらしたような赤茶けた地肌が現れる。鉄分を含んだ山なのだろうか。ひょっとして湖か。

本当に何もない。砂と岩だけの世界だ。白いスジのような模様がうようようようよと続く。黄灰色の地肌に、塩が浮いたように白く斑になっている。その連続した模様がはてもなく繋がって、地平線の霞のむこうへ吸い込まれていく。

山脈をもう一つ越えると、また砂漠だった。しかしそこに来て、機は少しずつ高度を下げていった。平行に並んだ低い岩山並みが、のこぎりの歯のような形状で連なっている。

やがて、機は着陸した。

機内荷物を待つ間、小さな待合室はごった返した。一隅でウイグル族の二人の老婦人が、抱き合っておいおい泣いている。姉妹なのか、旧知の間柄なのか。その感動の対面ぶりが尋常ではない。人目もはばからず、号泣しているのだ。

カシュガルの飛行場からみた風景。モスクらしきものが見えるが、廃墟となっていた。あとは灰色の一面の荒野である。

「すごいね。なんだか感動ものだ」

「おれたちが三人の予約チケットを奪ったとしたら、あの人でなくてよかったよな」

若者二人がそんなことを話している。それは湿潤な極東の島から来た「木」の文化の人間の、砂漠の「砂」の文化の人間への、呵責感をも含んだささやかな親愛の気持ちかもしれなかった。

人目もはばからず、抱きあって泣いている老婦人。砂漠の大空間は、人と人とをも遠く隔てているのだ。映画の一シーンをみているような気持ちになった。

Ⅳ　カシュガルとその郊外

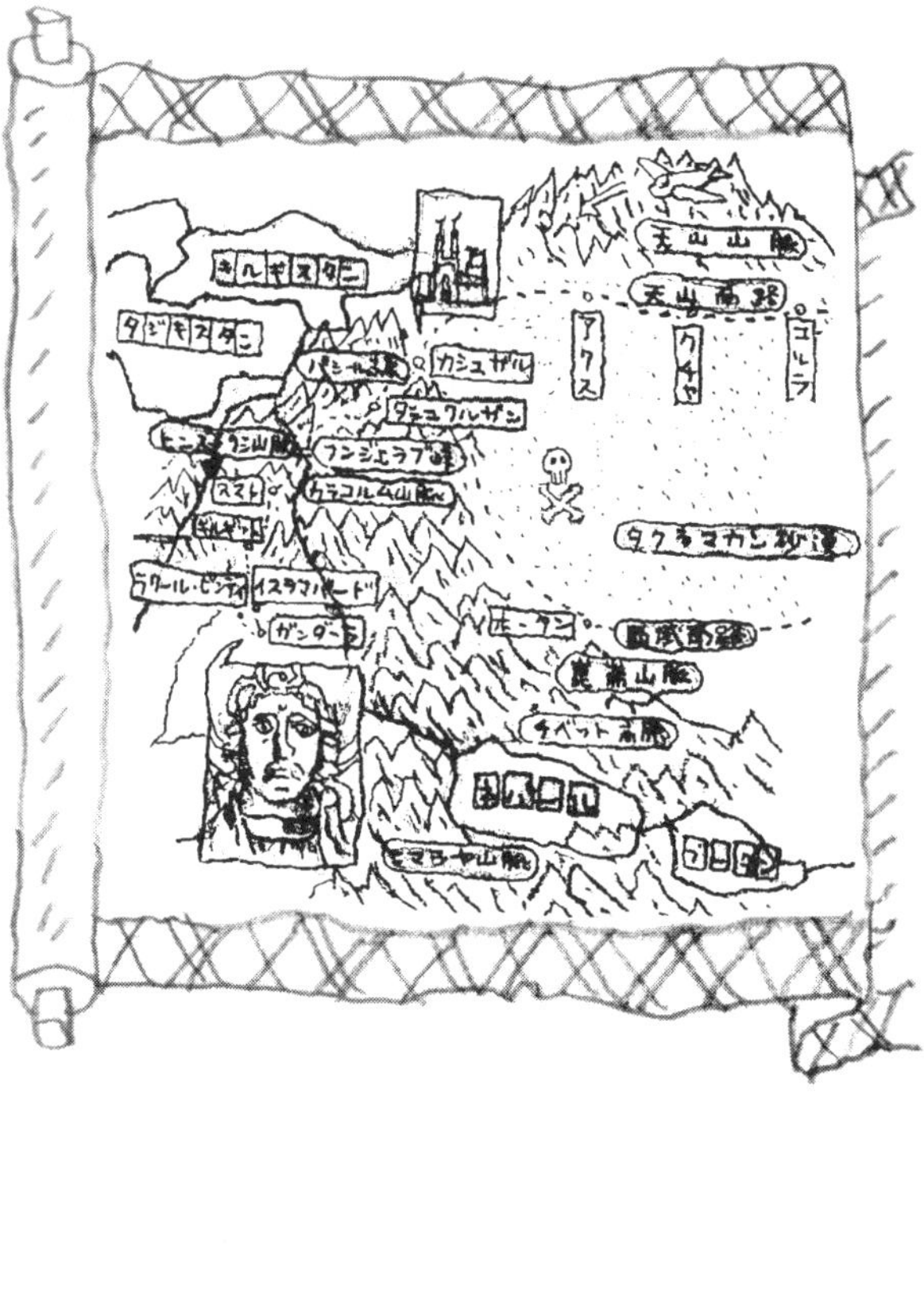

小さなシルクロード

ぼくらが最初にイメージしたシルクロードの旅とはどんなものであったか。

いうまでもなく、砂漠のイメージである。ラクダにゆられてはてしなく続く砂漠を、ときに蜃気楼にまどわされながら行くのだ。しかし行けども行けども荒涼とした砂礫の道ははてることがない。疲労が極地に達したころ、はるかむこうに、やすらぎの緑陰が見えてくる。どこかのオアシスの町である。やれやれ、やっと一息つけるぞ。そんな過酷な行程とつかのまの安堵をくりかえす旅……。まあ、そこまではいかないにしても、そういう気分を味わえる旅だ。ところが、われわれはウルムチからカシュガルまでを、わずか一時間半という短い時間で、飛び越えてしまったのである。なにかこう、あまりにも安易な道を選んでしまったというか、これではタクラマカン砂漠に失礼ではないか。その昔の玄奘法師やマルコ・ポーロのはらった艱難辛苦に較べたら、まことにもって申しひらきがたたないというものである。せめて、タクラマカンの西のはずれぐらい少しはかじってみなければと反省し、実行に移そうと考えた。

むろん、そんなツアーがあるわけではない。ホテルの前で客を待っているタクシーに直談判だった。地図をひろげ、おおむね一日のコースを説明するのだが、一人目も、そして二人目も逃げ腰である。こちらの提示する一日の料金が安すぎるのかと思うが、どうも金額の問題ではなさそうである。相当に道が悪いらしいのだ。および腰はそのせいらしい。しかしそれならなおさら、行ってみたいと思うのが人情というものである。多分に冒険心もうずく。若い悟空と悟浄をひきつれているのである。それなりのことをせにゃあ。

「今日こそ、絶対なにか、見つけてやる」

「砂漠の中らしいからな。今日はなにか、見つかるかもしれんな」

二人は、しょうこりもなく、まだそんなことを話している。

三人目は黒い白タクの運転手だった。黒い白タクというのも変な話だが、二〇〇〇CCもある彼のボロ車はまっ黒なのである。若干コースの規模を縮小したところ、それならば行ってもいいと了承した。男はノルマンメットと名乗った。ウイグル族の若い青年である。

朝の八時に、ホテル前を出発。だが、ポンコツ車のドアが開かない。特別な技術がいるようで、ノルマンメットが開けてくれた。車は郊外へ出る途中、坂道の一軒の家の前に駐車した。彼は家の中に消え、やがて一人の男を連れてきた。兄であるらしく、アマトルソンと名乗った。どうやら二人が交互に運転をするらしい。

ポプラ並木の続く一本道を走った。そのまま走っていけばクチャに至るはずだ。天山南路である。水害というアクシデントがなかったなら、ぼくらはこの道を逆の方向からきて、カシュガル入りをはたしていたことになる。大型トラックやロバ車とすれちがう。右も左も、なにもない、砂礫の砂漠がひろがる。その砂漠のむこうはゴツゴツと無愛想な岩山である。

そんな風景の中を一時間足らず走っただろうか。水の流れはほとんど見えないが、大きく蛇行している河を見おろす地点に来て、車は停まった。ノルマンメットが指さすところをみると、川床のむこうの涯に、長方形をした洞穴が三つ並んでいる。どうやらあれが、三仙洞という仏教遺蹟であるらしい。河の名前はチャクマク河。海に流れこむことのない内陸河である。河床は広々としているが、水の流れは小川だ。これは時に鉄砲水があることの証だ。すなわち、山に保水力がないことを意味する。石と岩だけの世界に、その人工的なほら穴が、なにか置き忘れられたもののように、ぽっかりと三つの口を開けている。

近くまで行ってみようと、河床をゆるゆると進み、途中、流れをかまわずに直進した。ザーザーという水の音。しぶきがあがる。これ以上進めないというところまできて車から降り、石ころだらけの道を歩いた。

ほら穴を見あげると、崖が急峻で、どうやってもそこまでは登っていけそうにない。みると中央の一番大きなほら穴の天井に、わずかながら、朱や緑、群青色の彩色をほどこした形跡がうかがえる。仏教遺跡であることの、ほのかな証拠である。

この遺跡は、太古の謎を秘めているというのがぼくらの予備知識だ。かつて、上からロープを下ろして調査が行われたという。三つの洞は中でつながっていて、壁画はすべて仏画、そのなかのある仏の袈裟の図柄が、格子の形をし、紺と代赭色で塗られていたらしい。こうした服装の様式は、仏教美術でも、ごく初期のものに限られている。その技法などから、中国の考学者は、この遺跡が紀元前二世紀ほどにまでさかのぼると結論したという。にわかに信じがたい話だ。なんと始皇帝の時代ではないか。その時代に仏教様式がパミールを越えていた。ということは、敦煌はむろんのこと、あのガンダーラの石仏よりも古いということになるから驚きである。

無理とはわかっているが、リキ君が崖の途中まで登ってみた。ケースケもそれに続き、ぼくも挑戦した。しかし、ほら穴までは、まだ四、五メートルはある。

「だめだ。縄梯子が必要だな」

ぼくがいうと、リキ君はいまいましそうに、ほら穴を見あげている。

「あきらめんぞ。こうなったら、意地でもなんか見つけてやる」

ケースケは、どこからか棒切れを見つけてきて、それを片手

お宝をみつけろ、発掘だと叫んで、ぼくらは三仙洞のほら穴をめざした。
ウイグル族の兄弟運転手は、それをみて、なにを思ったことだろう。

に土の斜面を掘り始めた。

　われわれは思い思いに、その辺をうろつきまわった。みると車の脇に立って、兄弟がこちらを見て何やら話している。あいつらも変な奴らだ。こんな何もないところに来て、何がおもしろいんだろう、そう思っているにちがいない。それも当然かもしれない。仏教遺蹟とは名ばかりで、仏教の熱い風はとうの昔にこの地を去ったのである。


　三十分ほど、何もない砂漠を走り、やがて車はアトシュの町に着いた。道のむこうとこちらの路地がバザールになっている。

　こんな小さな町に、よくぞこんなバザールがと思うほどだ。路地の両サイドには露店がずらりと並ぶ。圧倒的に衣料品の店が多い。テントからつりさがっている衣類や布地がとてもカラフルである。そこに日の光がさすと、色彩はいっそう鮮明にはじける。前方を大きなお尻のおばちゃんが、大きな南京袋を担いで、のっしのっしと歩く。われわれの存在がめずらしいのか、店の親父や道ゆく子供たちが好奇の視線をおくる。

　バザールを抜け、最初の地点に戻る。ところが通りに車の姿はなかった。しばらく待ってみ

バザールを大きな袋を背負って、のっしのっし歩く。
ふむ。おばちゃんたちはシルクロードでもたくましい。

たが、一向に現れない。置いてきぼりをくらったのだろうか。そんなはずはない。料金は後払いである。昼食をとって、再び最初の地点にもどった。しかし、やはり車の姿はない。もしここに取り残されたとしても、バスか何かの交通手段はあるはずだが、しかしどうしたことか。

「あっ」

ケースケが声をあげた。

持っていたペットボトルの水を、通りすがりのウイグルのおじさんに取られたらしい。ケースケはまだ少年ぽさが抜けない顔立ちである。それがぼさーっとつっ立っているものだから、おじさんがからかったらしい。おじさんは、五メートルほど離れたところで、こちらをみてニヤニヤしている。どうやら、ぼくの出番である。ぼくはゆっくりと男に近づいていった。むろん、相手はふざけているつもりなのだ。しかし取られたものをそのままにしておくのは、業腹である。若者たちの手前、師匠としての面子というものもある。言葉は通じなくたって、こんなときは、日本語をしゃべればいいのである。

「ほら、おっさん。水を返してよ」

彼にいった。顎ひげをはやした、ぼくより二まわりも大きな男である。手を伸ばしてペットボトルを取り返そうとすると、彼はぼくの腕首をつかまえた。彼の目を正視した。男の殺気というのか、腕首に力を感じたが、それに抗して、こちらも力をいれた。意地の張りあいというところか。事態が悪化して、取っ組みあいのケンカになるかもしれないが、これだけの人通りがあれば、誰かがとめに入るだろうと、瞬間に思う。

やがて手首にかかっていた力がすっと抜け、彼はペットボトルをぼくに返した。

「そう、人のもの、取っちゃだめだよ」

ぼくはそういったが、なお気持ちにおさまらないものを感じたので、男の頭をひとつこづいてやろうと手を伸ばした。男はひょいとよけた。これで充分である。われわれはその場を離れた。

なんでもない話なのである。彼らは陽気だから、ほんの気まぐれに親愛の情を示したのにちがいない。こんなとき、人と人の間に会話が成り立たないというのは残念である。ウイグルの親父は、いってみれば、ぼくら異邦人に関心を抱き、何らかの接触がほしかっただけなのだ。

道路のむこうで、へーいというような声が上がった。黒い車がゆっくりと、こちらに近づいてくる。兄弟もどこかで昼食を済ませてきたようだった。

しばらく走ると集落があり、また少し行くと集落がある。ポプラの並木が続く。並木の下を水が流れてくる。カレーズという、山からの水を地下を通して町まで運んできた水路だ。ときおり車に停まってもらい、何枚かの写真を撮った。堀を流れる水はミルクコーヒーの色をしている。手ですくってみると、土のつぶが水の中で舞っている。これを浄化して飲料水とするのだ。日干しレンガの箱型の家々。畑のまわりにも日干しレンガが積み上げてある。

オアシスの成り立ちが、手に取るようにわかる気がする。集落を囲むように畑がつくられ、それを保護するように、何列にもポプラが植林されている。その木立の下に水路が光っている。

日干しレンガを積みあげた家の壁。このなかにはどんな生活があるのだろうか。

当たり前のことながら、人も植物も、水なしでは生きていけないことを、この光景が明示している。何人かの男たちが、一列に並んで、水路を掘りおこす作業をしている。砂漠の中に生きる人々にとって、それは命と生活のかかった大切な仕事なのだ。

再び車を走らせる。砂漠のまんなかを、ガタゴトと走り続けるのである。車はもうもうと砂塵を舞い上げる。ところどころ、道が寸断されていて、そのつど、ゆっくりとまわり道をする。悪路が続く。他のタクシーの運転手たちが、乗車拒否をしたのも肯けるような気がした。見ると左手前方に、塔のようなものが見えてきた。次の目的地であるハンノイの遺跡。七世紀、唐代の仏塔の跡だ。

砂漠のなかにポツンと見えていたものが、次第に近づいてきた。古ぼけて、文字もかき消えた看板の前に車は停まった。日干しレンガを積みあげて作ったものだが、高い所にいくほどくずれ落ちて、塔の上部はすっかり丸身をおびている。盗掘の穴の跡のようなものも見える。ぐるりとひとまわりしたが、今やただの日干しレンガのかたまりである。塔の高さは十五メートルほどか。仏教の建築様式でいうところのストゥーパであろう。ブッダの舎利《シャリ》を埋めて、その上に塔を築いたのである。明らかにインドふうのそれに似ている。本家のインドでは石を積み上げたのだろうが、本来の寺院とはこういうものであったろうと想像できる。この塔の瓦礫を前にしていると、仏教が別のものに思えてくる。中国の寺院の様式は見る影もない。

しかし、かつてはこの地に仏教文化が隆盛を極めたのであり、これはその証である。まわりは風壊した砂と礫ばかりだが、ここには街があったのかもしれない。水が枯渇して、すべてが打ち捨てられたのだろうか。

　七世紀、インドからの帰路、玄奘三蔵は、カシュガルにも立ち寄っている。

「（この国は、）篤く仏法を信じ、福徳利益の行に精励している。伽藍は数百ヵ所、僧徒は一万余人、小乗教の説一切有部を学習している」（中国古典文学大系『大唐西域記』平凡社）

　彼はこの伽藍にも立ち寄ったかもしれない。しかしそれから三百年後の十世紀、この地に入りこんだイスラム教徒の手によって火がかけられる。

　仏教の発生の初期には、偶像崇拝は禁じられていた。それは初期キリスト教でも同じことがいえる。しかし宗教は時に政治と結びつく。悪くいえば利用された。それが偶像崇拝を奨励する要因となり、仏教でいえば仏画や仏像を、キリスト教でいえばイコンや宗教絵画を多産させた。今日、われわれが文化遺産

ハンノイの遺蹟は荒野の砂漠のなかで
日干しレンガのただの集積にみえる。

と呼んでいるものがそれだ。

イスラム教徒の偶像破壊は徹底して暴力的であった。トルコのカッパドキアの初期キリスト教の遺跡でも宗教壁画の破壊の跡が多々見られたし、最近では、アフガニスタンのバーミヤンにある磨崖仏が爆破された。われわれはそれを、文化遺産保護の視点から蛮行として非難するが、彼らにしてみれば、宗教上の対立物だから、また別の議論となる。偶像崇拝はイスラム教の最も禁じている行為であり、仏教やキリスト教などの異教徒たちの偶像物は、彼らの教えには反したものということになる。今日でこそ、世界の文化遺産を守ろうという先進国を中心とした保護活動が盛んであり、世界の人々は共通の認識に立とうとしている。しかし、時代をさかのぼれば、宗教上の対立をめぐって、熱い激情を手放さないことこそが最も価値ある人の生き方だったこともあるのだ。

その仏塔のむこうにも、もうひとつ別の遺蹟らしきものがあったが、そこもただ土がくずれ落ちているだけであった。

そのとき、砂漠のはるかむこうから、自転車に乗ってこちらにむかってくる人影が見えた。みるみるうちに近づいてきて、仏塔の前にいるリキ君とケースケ、二人の運転手のところで自転車を降りた。初老の男だった。なにやら話をしているふうだったが、やがてリキ君が財布を取り出している。なにが起こったのか、足早に、彼らのところにもどった。

「どうしたの」

「なんだか、拝観料みたいなものをよこせって」

「えっ、そんなものがいるの。いくらだって」

「一人五元」

それはいいとして、なんだか笑える話だった。この何もない砂漠のどこに彼はいたのだろう。人家などどこにも見えないのである。一日に何人来るとも知れないようなこんな遺蹟のために、彼は一日中、ジリジリと照りつける太陽の下、どこかにひそんでいて、物好きな観光客の現れるのを待っているのだろうか。文化財保護の監視員とは、とても思えなかった。

「少しは稼ぎになるんですか」

そんなことを聞いてみたいところだが、ペットボトル事件のおじさん同様、ぼくらに会話の手立てはなかった。炎天下の砂漠の中を自転車を左右に揺らせながら、彼はもときた道を戻っていった。

どこからともなく現れた自転車おじさんは、
拝観料をせしめると、再び自転車にまたがり、
荒野のむこうに去っていくのであった。

かつては人々の厚い信仰を集めたこの仏塔も、先ほどの三仙洞の遺跡同様、はるか昔にその役割を終えた。日本では仏教伝来以来千数百年、そう大きな宗教的変化もなく、穏便な歴史を積み重ねてきた。しかしここではすべてが打ち捨てられたのだ。今では、砂漠の旅にロマンを感じ、文化遺産見物と称してやってくる、われわれのような奇特な人間を捕らえる捕虫網のような仕掛けとなっている。

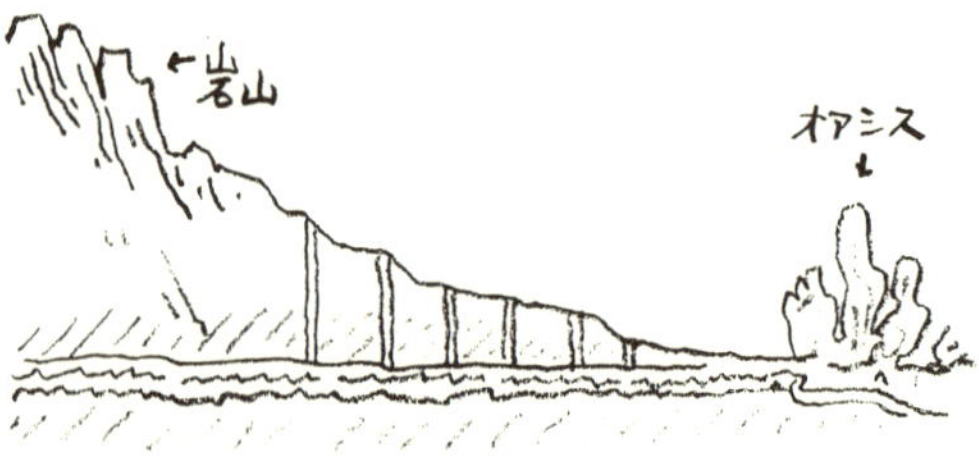

岩山の地下水脈から、たて穴を何本も掘り、それをよこ穴でつないで、地下水路をオアシスの集落まで引いてくる。これが、カレーズだ。

カシュガル、ウイグルナイフに身をこがし

砂漠を大海にたとえるなら、オアシスは島のようなところかもしれない。交通が容易な陸続きの街道筋は、交易が常に頻繁だから、いつしか知らず文化の諸相が様変わりしていく。それにくらべ、島はものの流通が滞るから、長い時間の推移のあとにも、忘れ物が残っている。もろもろの文化が吹きだまる特徴がある。オアシスも過去の東西交易のようすがを偲ばせる得がたい場所であるようだ。カシュガルは、とりわけそんな雰囲気を持った町であった。長旅の休息と、さらに続く旅の準備にそなえて、五泊ほどの滞在と

カシュガルの街のあちこちでは
ロバ車が走っている。
なんとも、ゆったりとした時間が
流れているのだ。

なった。

　東西南北に大通りが伸びていて、砂漠のなかの町であるにもかかわらず、近代的なビルが立ち並んでいる。しかし街にはロバ車が圧倒的に多い。荷台をロバに引かせる車である。ウイグル帽をかぶった男が、片膝立てた座りかたで、鞭を鳴らして通る。車は少ない。ウルムチに比べて、空気がよくなった印象である。

　職人街は、このカシュガルの町で最も魅力のあるところだ。人民西路から路地を分け入ったところに、職人の店が道の両側にずらりと軒を連ねている。ロクロを回して、ポプラの木を削っている木工所。綿を打っている店。お目当ての楽器店も二、三軒並んでいる。さまざまな楽器がある。その形状が、どれもおもしろい。さらに行くと金物の店が増えてくる。アルミ、真鍮、銅製品の店が並ぶ。店舗の前の路上で、仕事をしている。木槌で叩く金属の音があちこちで響き渡る。大人に混じって、少年たちももう立派な働き手だ。さ

ふりかえって考えると、ウイグルの男たちは、皆、かならず帽子をかぶっていた。そして女性は色彩やかなスカーフをまとっている。

らに行くと、金銀などの貴金属店。なんだか人類が発展してきた、金属の発見の歴史そのままに店が並んでいるみたいだ。その先は金色のメタリックな衣装箱の店。日本の昔でいうと、長持か、桐箱か。これは大きなもので、娘が嫁ぐときに所帯道具を入れて持たせるものだという。その先にはずらりと、布地屋、衣類、雑貨の店が続く。

向こうに黄色い大きな建物が見えてくる。この町最大のモスク、エイティガールである。黄色い釉薬をかけて焼いたタイルの壁の色が鮮やかだ。しかしそれも、よくみれば、くすんでいて老朽化が進んでいる。寺院の前は大きな広場になっている。ここにも露店がいっぱい並んでいた。

大勢の人の流れがあり、女たちの衣装がいっそうカラフルになった感じである。全体に、色使いは明るい。黄や赤、オレンジやピンクなど、暖色系の色彩が増した感じである。被り物が目に付く。チャドルで顔を覆っている婦人も見るようになっ

町の中心にあるエイティガール寺院前の広場は、ロバ車や人々の流れでにぎわっている。

カシュガルから西側のコルム山から銅がとれる。

生活用品、食器、ヤカン水さしなど。

こちらの店は、お嫁さんの衣裳箱屋さん。日本の昔の柳ごおりか桐タンスという感じ。金色のメタルをはったものもある。他におもちゃやゆりかごも。

カシュガル職人街のいろいろなお店

鉄皮と呼ばれる薄い鉄で、バケツ、入れ物などを作る。トンカントンカン音がひびく。

ロクロで一本一本、木をけずっていく。
麺棒のほか、コマや建物、椅子などの
飾り棒、ゆりかごまでつくっている。

た。中にはすっぽりと、赤銅色のメッシュ地の布をかぶった女性もいる。男たちは必ずといっていいほど、帽子をかぶっている。独特の模様の丸いウイグル帽だ。まれに鳥打帽もいる。まだ小さな少女などは、眉の間に一直線に墨を入れている。つまり両の眉毛が、一直線に繋がれているのだ。それはどういう意味があるのか、おしゃれなのだろうか。素足の子供も目立つ。ぼくらとすれ違うと、「ハロー」と声をかける。笑顔が屈託ない。

果物や野菜も豊富だ。ウルムチではウリが多かったが、ここではイチジクが目立つ。ポプラの枝で編んだ大きな籠。そこにイチジクの葉を敷いて、果実を並べる。少年がそれを肩に担いで売り歩いている。一つ食べてみると、甘くてとてもおいしい。

食堂街も続いている。屋台のテーブルには、決まってテレビが大きな音を立てている。おじさんたちはそのテレビに釘付けである。日本の戦後、昭和三十年代がこんな感じだった。力道山の空手チョップなのである。

赤胴色のメッシュのチャドルを
かぶった卵売りの女性。
最初みたときは、ギョッとした。

ここでは職人たちの手仕事を自然な姿で見ることができる。世界は今、どこへ行ってもものをつくるのは工場ということになった。しかし、ここの職人街は、衣類を仕立てるにも、あるのはミシンくらいで、あとは手仕事である。人類の重ねてきた文化の諸相が、ある時点で停まっている感さえある。われわれはタイムマシーンに乗って、その過去に舞い降りたかのようだ。だが待てよ、とも思う。えらそうな感慨にふけっているが、極東の島国にだって、何十年か前には残っていた懐かしい光景だ。われわれの社会はことほどさように急速に何かを獲得し、急速に何かを失ったということではないか。それにしても、このような町が現代でもにぎわっているのは、やはりこの地が世界から遠く、大海の孤島にも似たオアシスだからだろう。

さらに歩を進める。ウイグルナイフの露店が並んでいるところにさしかかって、われわれの足が止まった。

「いいよな」

「うん、かっこいい」

ここまできて、われわれは展示ケースの前から動けなくなってしまった。大小様々なものがある。デザインもいろいろである。エキゾチックだ。色彩もカラフルである。見ていて飽きない。全部欲しくなる。しかも信じられないような値段である。刃渡り二十センチほどのものが、百円、二百円の世界なのだ。ウルムチの町でも、われわれはこのウイグルナイ

ウイグルの少女の眉はときにスミで線を引いて一直線になっている。「直眉」という。

フの店を見つけると、立ち止まって時間を潰した。しかし買うならば本場のカシュガルだと思い、今日まで我慢してきたのである。おそらく、われわれの目は少年のそれと化していただろう。

「買うのはいいけど、どうやって持っていく」

「こんなの持って、飛行機には乗れないだろう」

リキ君とケースケがいっている。そこでぼくは提案した。

「船便で送ろうと思うんだよ」

「日本まで届きますかね」

「日本の旅行社は大丈夫だといっていたよ」

ぼくらの旅はなおも続く。なにせこれからパミール高原を越えなければならない。船便は時間がかかるが、荷物を送るというのは妙案に思える。

次の日も、職人街に繰り出した。すっかりウイグルナイフにはまってしまったのである。子供の頃、小銭を握り締めて、憧れのキャラクターが印刷してあるメンコを買いに店に走った、あの少年の頃の気持ちに似ているかもしれない。再三現れるぼくらに、ナイフ屋の親父たちは、これはどうだ、あれはどうだと、次から次へと見せてくれる。熱心な彼らの勧めがなかったとしても、ぼくらはたくさんの買い物をしただろう。切れ味は怪しかったが、柄や鞘の装飾がカラフルで、その象眼模様がなんともエキゾチックなのである。アラビアンナイトのアリババが腰にさしていそうな感じである。男は、やはりナイフである。しかもわれわれはゲリラ隊である。シルクロードの旅人であり、発掘屋であり、探検隊なのだ。理由は何でもいい。あれこれ物色し、三人合わせて十五本ほども買い込んでしまった。

次の日も何度か、ホテルと職人街を往復して、買い物をした。

とにかく、なんでもかでも欲しくなるのだ。なにに使うのかは知らないが、大きな弁当箱ほどのブリキの箱。筆洗いになるかもしれないといって、ケースケも同じものを買った。スイカを切るためだけの専用のものかもしれない、粗悪な蛮刀のような包丁。餃子の皮を作る、ポプラの木製の伸ばし棒を数本。赤い絵のついたおタマとフライパン返し。シルクロードの、このユーラシア大陸の最深部まで来て、おれは何でこんなものを買っているんだという気持ちになる。要は実用かどうかではなく、その形状がおもしろかったりすると、購買意欲が働くのである。荷物で送ってしまえるという安心感も手伝っていた。そして、またまた何本かのウイグルナイフを買ってしまった。なんだかこのナイフの前に立つと、ぼくらの自制心はまったくきかなくなってしまう。

開放北路に面したビルの一角にも、この地方の物産を扱った店があった。絨毯や貴金属品が中心だったが、そんなものには興味がない。ぼくがここでまっ先に手にしたものはドタールだった。ウイグル族の楽器である。弦は二弦。形状はラグビーボールを真っ二つにして、そこに一メートル余りのネックがついている。驚くほどに安かった。職人街の楽器店でも、かなり真剣に物色したのだが、手が出せないでいた。その分、象嵌細工はあまり施されてないのだが、即決である。あわせてタンブルも買ってしまった。ドタールよりやや小さめだ。ドタールが主に主旋律を担当するならば、こちらは伴奏を担当する楽器なのだろうか。弦が四本ある。頭の中で、ドタールとこのタンブルを抱き合わせて、肩に担いで持っていくことを想像してみた。

店を出た。ホテルの方向に曲がりかけたところで、声がかかった。スイカ屋の露店である。パラソルの下で、ウイグルの親父が嬉しそうに何事かがなり立てている。

「おう、うれしいじゃないか。おまえ、そんなものを買ってくれたのか」

どうもそんな感じである。

「おまえ、これにいくら払ったんだ」

多分そんなことを聞いたにちがいない、と解釈することにした。紙片に金額を書いて見せた。おう、それなら適正だ、としか受け取れないような顔をして、ウイグル親父はひとつうなずいた。

自分たちの誇りとする民族楽器を、異邦人であるぼくが買ったことが、彼にはよほど誇らしく思えたにちがいない。商売品であるスイカの半分を三つに切って、ぼくらにご馳走してくれた。終始ニコニコしていて、善良そうな笑顔がうれしい。こういうところが、この行き当たりばったり旅行のおもしろさである。お礼のつもりでオカリナを一曲吹いた。数人の人だかりができた。遠い国から来た音楽芸人とでも誤解してもらえたら幸せな気分だった。

部屋に戻って、さっそく買い求めてきたものを、各自一列に並べてみる。

ウイグルナイフは、ぼくが二十本、ケースケが十本、リキ君は三本だが、なんといっても三百五十元を百元にまけさせた、日本刀でいえば短刀ほどの大きなやつが一本豪華主義の存在感

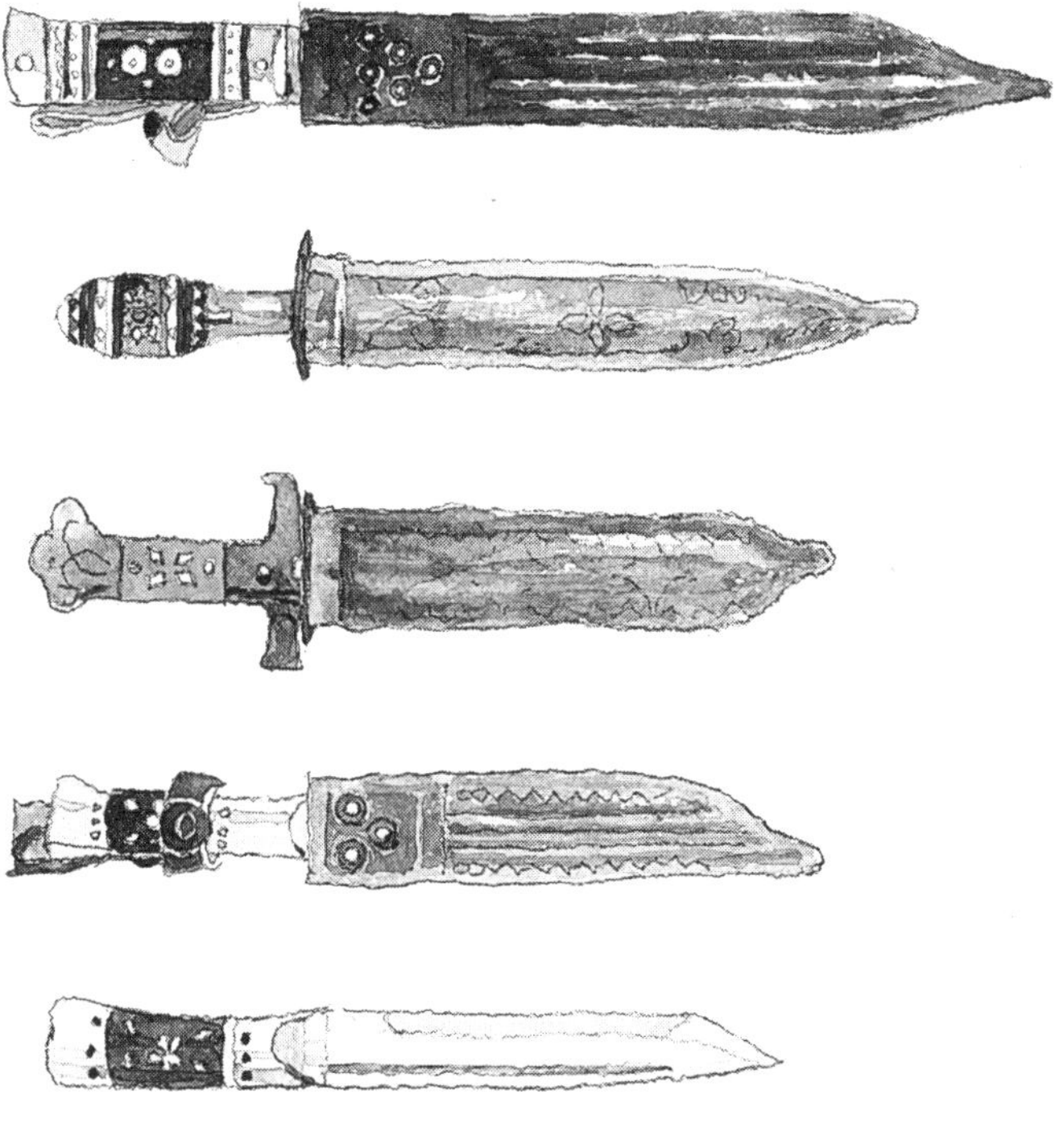

様々なデザインのものがある。ここではこのウイグルナイフを腰にさしてないと、男とはみなされないとまでいわれるのだ。

を示している。ずらりと並べてみると、なかなかにして壮観である。これを全部腰にぶら下げて、にわか戦闘士にでもなった気分である。

　さて、荷物づくりだ。準備は整っていた。ヤカンを買った際、その店で段ボール箱をもらってきた。雑貨屋では、穀物を入れるらしい大きなビニールの南京袋を二枚、麻縄にガムテープも買い込んでいる。まずは、箱をガムテープで補強した。弁当箱のようなアルミの箱を二つ。その中に途中で買ったカセットテープをできるかぎり詰め込んだ。ケースケがその辺で拾い集めてきた石ころも詰め込んだ。さらにウイグルナイフが三十数個。非合法の武器の密輸に関与しているような気分になる。そしてヤカンに麺のばし棒、そのほか、雑多なものを詰め込むと、うまいことに、箱にぴたりとおさまった。それをビニールの南京袋に入れる。袋を丁寧に折りたたむ。ガラクタの中身とはいえ、長い旅の途中に買い漁った貴重な品々なのである。荷崩れしないように、リキ君がぐいぐいとロープで縛り上げる。かくして船便の荷物はできあがった。

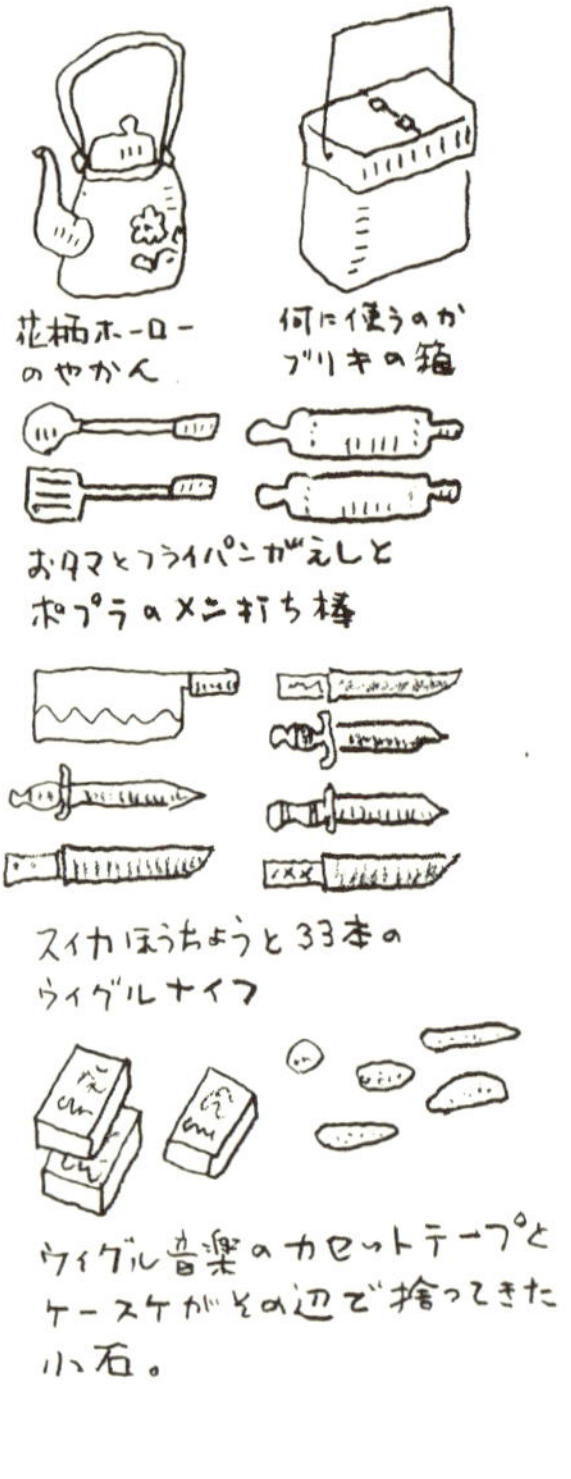

　郵便局の二階の、そのカウンターに箱を置いたとき、係りの女は、それが日本に送られるも

のだとわかると、悲鳴のような大声をあげた。たぶん税関の検査が必要だというようなことをいったのである。奥へ、誰かを呼びにいった。大柄の中年の男がカウンターに顔を出した。荷物を一瞥して、開けて見せろという。三人は顔を見あわせた。せっかく時間をかけて、丁寧に梱包したものを、また解かなければいけないのか。それよりなにより、心配は別のところにある。

「やばいよな。大量の武器だなんて思われたらどうする」

「海外持ち出し禁止、ここで没収」

かりに没収を免れたとしても、荷物の中に入れることまかりならぬ、ということだってありえる。あの大量のウイグルナイフを手荷物として、これから国境を越えていかなければならないのか。インドとの国境問題でゆれる、あのパキスタン北部、カシミールをである。そんな心配がよぎるが、ここはとりあえず荷物を解かなければならない。その作業にかかった。

砂漠に囲まれたオアシスの町であるがゆえに、この地は現代文明から遠く遮断されている。その恩恵を受けていないぶん、現代の騒音も届いてこないのだ。現代文明が強要する性急な時間に振り回されることのない、手作業の時間からこそ、このナイフたちは生まれたのだ。旅行者を当てこんでのお土産品には違いないが、そのデザインには彼ら独自の歴史が込められている。半農半牧のこの辺境の世界で、それは家畜の世話の必需品なのだ。男たちは常に腰に下げて携帯する。羊の解体や、食事の際にも使うだろう。そもそも西洋料理のフォークとナイフも、元をたどれば、素手とナイフの世界であったはずだ。ぼくらだって腰にぶらさげたいところなのだ。なにせ、シルクロードの旅人なのである。この宝物を手放さなければならないとしたら、耐えられない思いである。

複雑な気持ちで時間をかけて荷物を開くと、奥から男が呼び出された。一瞥だった。それだけで、ＯＫのサインが出た。われわれは「やった」と、顔を見あわせた。

この荷物ははたして、
このユーラシアの内陸部から、
日本にまで、無事届くのであろうか。

カシュガル、職人街の幸福

カシュガルは、見るもの、聞くもの、手にするもの、すべてがぼくらの心をとらえた。人民西路の先にあるホテルで、ウイグル族の舞踏ショーが開催されているという。それはおもしろそうだ。ぜひ見に行こうと、昨晩も赴いたのだが、客の入りが悪かったせいか、ショーは開演されなかった。今日こそはと、夕食がてら、そわそわした気持ちで部屋を出た。

レストランへの途中、ポプラの枝を折り、ロバにその葉を食べさせている光景にでくわした。シルクロードはどこに行ってもポプラである。まずは街路樹として植える。家の柱に使う。家具にもなる。木工細工に使う。籠にも使う。ロバのえさにもなる。この木は本当にえらいのだ。そして、このポプラ並木の下を歩いていると、われわれはまさにシルクロードの旅人なのだという気分になる。

「わっ、すごい」

リキ君が叫び、われわれは思わず立ち止まった。見ると、通りのむこうの歩道で、ウイグルの子供がしゃがんで用を足している。まだ小学校にもあがらないくらいの年の頃だ。やがてことを終えると、ツツツーと身体を前後に数回ゆすり、なんと歩道と車道の段差になった角で尻をふいてしまった。暮れなずむにはまだ時間のある白昼堂々の行為である。日常茶飯とみえて、その動きは自然なのだ。われわれはすっかり感心して、顔を見あわせてしまった。にわかゲリラ隊としては、なにかこう、鍛え方のもとのもとから負けているのである。

「ポプラの葉っぱ、という手だってあるじゃないか」

リキ君が、あきれ顔でいった。

食事を終え、さあ、それではと向かいのホテルに行くと、なんと今夜も、舞踏ショーが行われる気配はない。ロビーの女は明日来いと、昨日と同じことをいう。明日はここを発つ日なのである。

満たされない思いで職人街をぼんやりながめながら、われわれは帰路についた。リキ君とケースケは、先に歩いてゆくが、期待していた舞踏ショーが見れなかったぼくは、このままホテルに戻る気にはなれないのだった。

ぶらぶらと通りをゆくと、途中、五、六人の若者がたむろしていた。食後の夕涼みといった感じである。その一人がギターを抱えている。夕食のビールのホロ酔い気分もあって、彼らに話しかけた。といっても、話が通じるわけはない。ジェスチャーでそのギターを弾かせてくれないか、と申し出たのだ。若者たちの表情に笑顔が走り、青いシャツの一人が椅子を勧めてくれる。腰をおろした。

カシュガルの職人街を歩いていると、
われわれはいにしえの昔にタイムスリップ
したような気分になる。
この街こそ、「シルクロード」をもっとも
感じた場所であった。

調弦のために弦をはじくと、みるみる十人ほどの人だかりができた。通りのむこうから、こちらから、続々と人々が集まってきた。子供もいる。大人もいる。それでは一曲、といこうとすると、年輩の男がぼくを制し、手で合図をする。見ると通りのむこうに小さなモスクがある。そこで今、コーランの読経が始まろうとしているらしいのだ。しばし待て、ということらしい。ぼくらには明確に意思を伝えあう会話の手だてはないのだが、意味するところはなんとなくわかる。

しばらくして読経は終わったようで、年輩の男が、さあやれと手を振った。そら覚えの曲を四、五曲歌った。英語あり、日本語あり。気がつくと、なんと観衆は三十人ほどにふくらんでいる。誰もが心底、音楽が好きなのだ。

席を譲ってくれた青年が、何かをぼくに差し出した。シャーベットだった。そこはアイスクリーム屋の前だったのだ。まっ赤なシャーベットはやたらにベタベタと甘かったが、こんな好意はなによりもうれしい。

もう一曲だけギターを弾いたあと、もう気分はにわか芸人のぼくはポケットからオカリナを取り出した。ここはなるべく明るくテンポの早い曲がいいぞ。まずは『ドレミの歌』。さらに二曲目、三曲目と吹いていくと、子供たち、とりわけ四、五人いる小さな女の子たちの目がキラキラと輝く。真剣にぼくの指の動かし具合に見入っている。

五曲ほどを吹き終えて、さて、芸人だって潮時というものがある。まわりを取り囲んでいた誰かれとなく握手をして、その場を離れた。すると子供たちが黄色い声をあげてついてくる。

おばさんは店先でナンを売っている。しばらく
見ていたが、なかなか客は現れなかった。
われわれは売り上げに貢献することになった。

女の子たちははずんだ表情で、ぼくと歩調をあわせる。さながら『ブレーメンの音楽隊』だ。ぼくはもう大道芸人から昇格してスターの気分だった。この地に住む人々との、つかの間ではあるが生き生きとした交流がなんともうれしい。この通りは、最高である。これぞぼくが思い描いたシルクロードなのだ。

この国を旅して、何日目になるのだろう。旅に流れというものがあるとしたら、今自分は、自然にそれに乗っているという感じがする。とてもいい気分だ。愛すべきカシュガルの町、愛すべき職人街。人々の身なりは豊かに見えなくても、子供は素足で歩いていても、ともかく笑顔なのである。陽気である。明るいのだ。ぼくはこの旅が、今ひとつの折り返し地点に達していることを感じていた。人通りの少なくなった道を、ときおりオカリナを吹き鳴らしながら、ゆっくりと歩く。四人ほどの女の子たちは、まだぼくと歩調を共にしていた。

職人街の路地が切れかかったところに、小学三、四年生くらいの三人の少年がいた。そのうちの二人はナンの入った籠を手に、客の現れるのを待っていたようだ。もう一人の少年の籠は、すでに空っぽである。仲間の仕事が終わるのにつきあっているのにちがいない。

困ったことに、ぼくはその空になった籠を見て、それが欲しくなってしまった。ポプラの枝で編んだ、赤ん坊のゆり籠ほどの大きさのものをである。オカリナを吹くのをやめ、さっそく交渉に入った。

少年は最初、なんのことかわからないらしく、ぽかんとしていた。それはそうだ。中身のナンは売りものだが、まさか籠を買いたいという客が現れるとは思いもしなかっただろう。しかし事情を察すると、少年はすっかりいっぱしの商人になり変わってしまった。値段を聞くと、三十元だという。そのまま買ってもいいのだが、少年をからかう、というよりは、遊んでみたくなった。二十元を提示した。彼は首をタテにふらず、三十元をゆずらない。なかなかしたたかなのだ。ますます愉快な気持ちになる。

オカリナでピュルルと音を出して、二十元という。だが彼は三十元を譲らない。

そこへ日本人の若者が通りかかった。

彼はぼくらと同じホテルに投宿している。数日前のチェックインの際に隣りあわせになり、夜にはぼくらの部屋に飲みにやってきた青年である。大学を卒業し、本屋の店員を数カ月やり、脱サラして、貯めた金でアジアを四カ月の予定で旅行しているという男だ。

彼が事情を察して、値段交渉の代理をかって出た。しかし少年は、依然として首を縦に振らない。その表情は涼しげでさえある。

路上のトマト売りのおじいさんは、いかにも「シルクロード」の住人の感がある。

「なかなか頑固だな、こいつ。ほら二十元にしとけよ、なっ、二十元」

そんなやりとりを聞きながら、ときおりオカリナでピュルピュルと合いの手を入れる。二十元、ピュルル。まだだめか。二十元、ピュルル。今度はどうだ。すると何回目かであっさりと商談が成立した。二十元でいいという。金を払い、籠を受け取った。

少年は家に帰り、ナンが完売したことを報告するだろう。そして物好きな旅の人間に、籠まで二十元で売りつけてやったと鼻を高くしていうだろうか。

おもしろや。旅はこうであらねばならない。ぼくはその若者と一緒に、籠を肩に担いで、ホテルの方向に足を向けた。

と、そのときである。思いがけない幸運が、わが身に降り注いできたのだった。突然、路地の奥から、甘美なメロディが流れてきたのである。音につられて、足がそちらに向かう。ホシュタル弾きの老人だった。着古した紺色の服に、ウイグル帽をかぶっている。弦の伴奏にあわせて、やがてしわがれたいい調子の歌が老人の口をついて出る。しばし立ちどまった。初めて聞く音楽の世界だった。ホシュタルはマンドリンのような形状をした楽器である。それを膝の上に立てて、チェロのように弾いている。跳躍する弓によって弦は振動し、渋みのある声が路地や雑踏に鳴り響く。楽師は盲目のようだ。

そうだ、おれはこんな体験がしたかったんだ。演出されたものではない。人々の生活があり、そのなかの音楽なのだ。この雑踏のなかにこそそれはふさわしい。

往年のシルクロードの世界を、いやがおうにも偲ばせてくれるのだった。ぼくは全身を集中

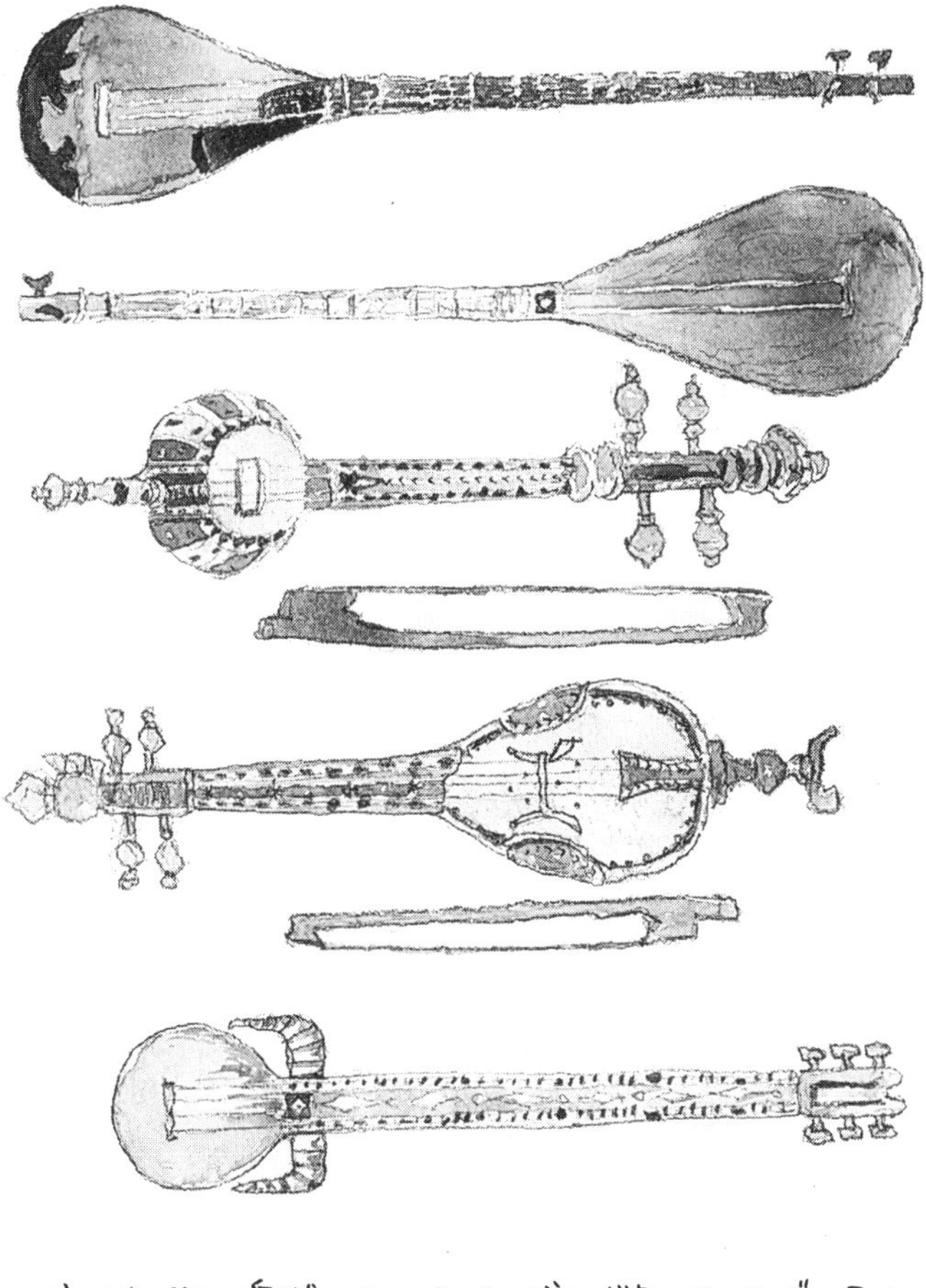

ウイグル族の楽器。上から、タンブル、ドタール、ルージュック、ホシュタル、ラワープ。上のふたつをつい衝動買いしてしまい、1メートル以上はあるこの楽器をかついで旅は続くこととなった。

してその旋律に耳を傾けた。やがて曲に慣れてくると、かすかながらそれに類似したものをかつてどこかで聞いたことがあるような気がしてきた。なんだろうと、淡いもやの中を探るような思いになる。しかし、記憶のどこを探しても、思い出すことができなかった。しかしそれでいて無性に、ある種の懐かしさを覚えるのである。

路上の楽師は、盲目のようであった。心にしみいる弦のひびきに、シルクロードの旅の深まりを実感した。

　この哀愁に満ちた懐かしさは、この音楽が放っていることは確かだが、それだけではない。たぶん、ここ数日間を過ごしたこの職人街の雰囲気そのものが、妙に懐かしく、心安らぐ空間だったのである。音楽に酔いしれながら、なぜだろうと思う。

　一言でいえば、それはこのカシュガルの職人街が「人間の尺度に合った街」だからではないか。あるいはまた、「子供がゆっくり大人になれる街」とでもいおうか。

　ナン売りの少年のしたたかさ、オカリナに聞き入っていた女の子たちの瞳の輝き、あるいはあの野グソをしていた子供の野放図さまでもが、われわれがいつしかなくしてしまったしなやかさに思えたのだった。

　世界は今、工場と電子網であふれている。手仕事の職人が活躍するこの町は、それからはずいぶん遠い。カシュガルは、世界から取り残されたような町である。しかし、世界が工場と電子網によって追い求めながら、ついに手にすることができない世界なのかもしれないのである。とは思いながらもふと見ると、街路をひとつ挟んだむこうにある人民広場には、毛沢東の巨大な白い立像が右手を上げて、街中を睥睨している。ここが改めて中国なのだと、思い知らされる。近代化に躍起になっているこの国の科学技術が、いずれこの地にも押し寄せてくるのだろうか。

盲目の辻楽師の、つぶれたような、それでいて艶のある渋い声が流れている。多くの民族が交錯するなかで、生みだされたもの、失わずにきたものに遭遇しているような気分になる。ひょっとしてこの瞬間は、何百年も昔のそれと変わらないのではないかと感じる。まさに、至福の一刻だった。

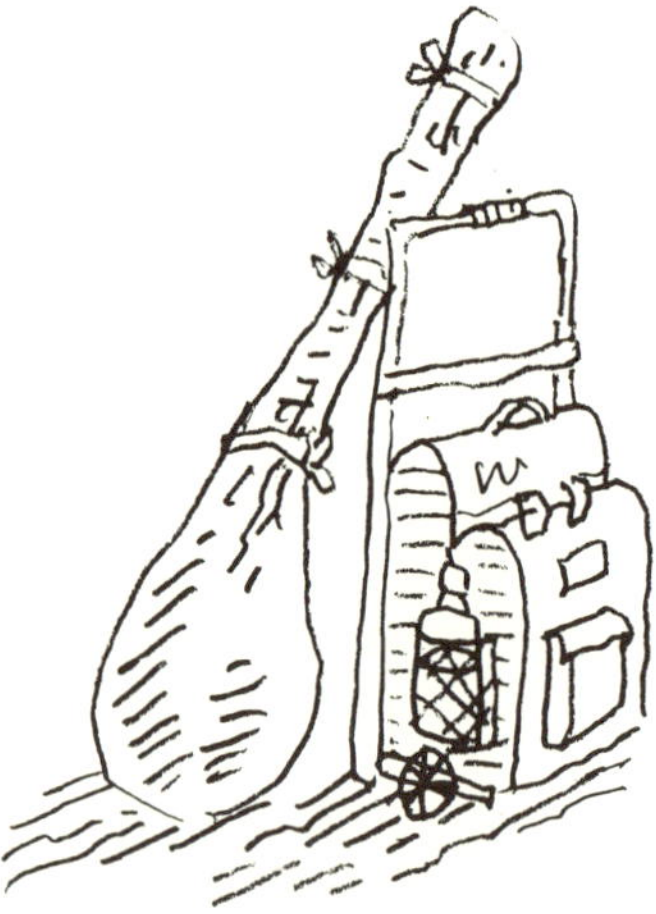

荷物を送って身軽になったつもりが、二つの楽器の入った袋を持ってのパミール越えとなってしまった。

V

カシュガルからパキスタンをへて

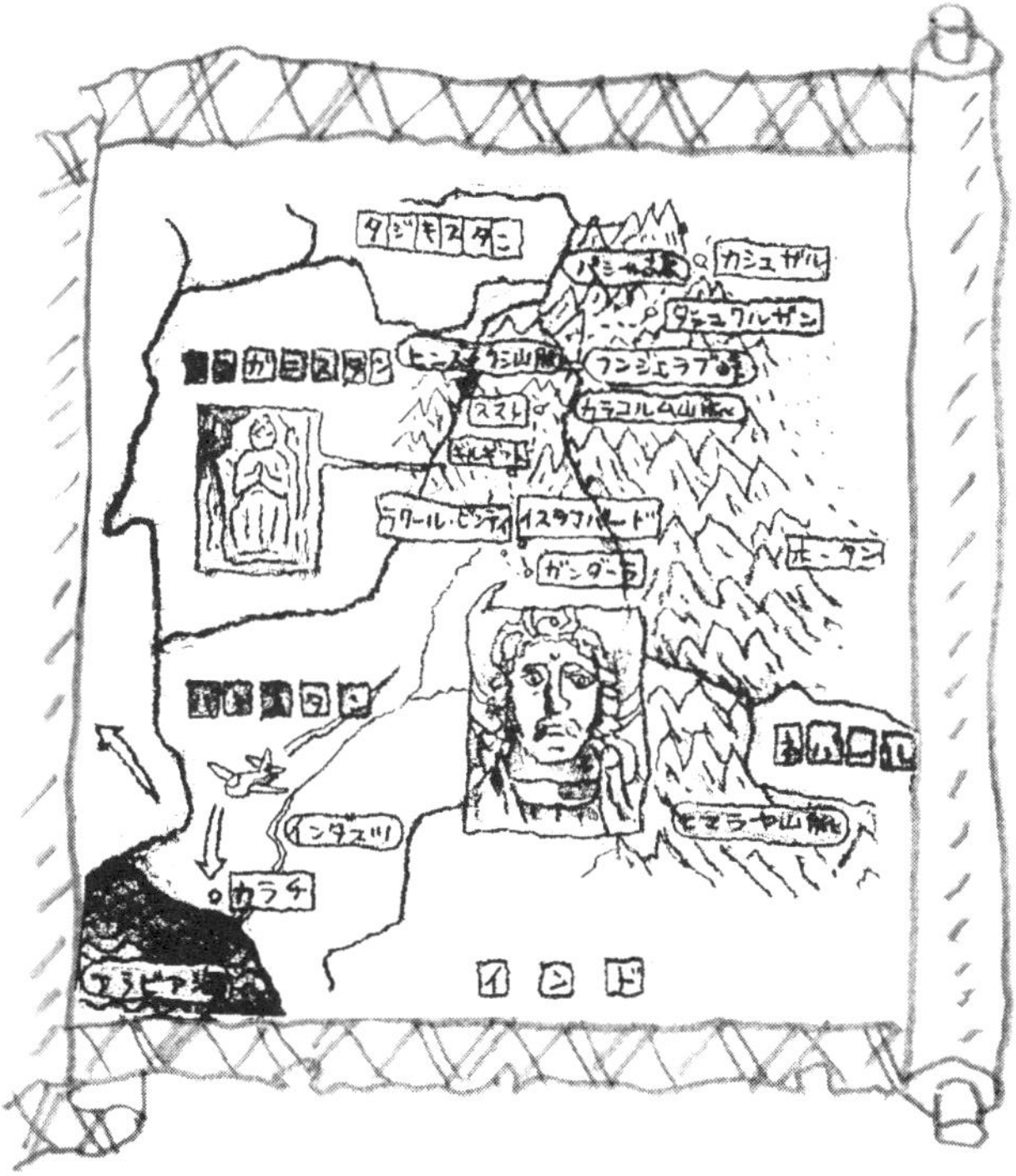

パミール高原は、朝焼けに輝き

玄奘三蔵は、唐代の初めに、長安を出発した。日本では大化の改新の頃である。中央アジアから、東インドへ行き、当時、インドの学術センターとして聞こえたナーランダーに留学。再び中央アジアを経由して、六百五十七部という大量の経典とともに、長安に戻る。

この留学は密出国であった。十七年を経て、帰路、西域南道のオアシスの町ホータンまで来たとき、ときの皇帝太宗に上表文を書き送っている。

「釈迦が西域にお生まれになって教えをおこされ、のこされた教えは中国に伝わり、すぐれた経典がやってまいりました。

しかし、それでもなお充分というわけではなく、欠けたところがあります。わたくしは身も命もかえりみず、以前から常にこの方面の学問を訪ねようと思っておりましたが、とうとう貞観三年四月をもって国のきまりをおかし、ひそかにインドへ旅立ってしまったのであります。

みはるかすかぎりの砂漠をふみわたり、きりたった雪深い高山を越え、ダルバンドのようなけわしい路、イシクコルのような波濤に洗われた道を通過し、皇居のある長安の都からはじめ、ラージャグリハの町に終わる旅でありました。その間にとおった道といえば二万キロ以上。風俗は千をもって数えるほど異なり、困難危険は万をもって数えるほどでありました。
プラヤーガ国を出発してカーピシー国の国境をへ、パミールを越えてパミール河の平原をわたり、帰還していまホータンに到着いたしました。ところが、インドから経典を運搬してまいりました大象は、ホータン寸前で溺死し、経本はいかにも大量であるため、いまだに運搬の手はずをととのえることができません。このため当地にいまだ若干とどまりますので、馳せさんじて早くに陛下にお目にかかることがかなわず、拝謁がたいへん遅れますことは、いかにも申しわけないことであります」（地球人ライブラリー『西域記―玄奘三蔵の旅』小学館）
必死さが伝わってくる。国禁を犯しての密出国だから、引責は免れないはずだが、反面、大量の経典を持ち帰ったということは、当時の中国では稀有な大偉業であったにちがいない。
それにしても思うのだが、中華思想をもって任じる中国という国が、この時代に前後してしきりに仏教思想の流入を図ったのは、なぜなのだろうか。祆教《けんきょう》（拝火教）といわれたゾロアスター教や、景教といわれた

玄奘三蔵はおびただしい数の教典を背おい、何頭もの象にも積んで、パミールの道なき道をこえたのである。

ネストリウス派のキリスト教、回教のイスラム教なども、散発的にこの国に流入しているが、それは外部からの商人や宣教師たちが持ち込んだもので、中国人が積極的に外地まで出かけていって、その思想を学ぼうとしたのは、この時期の仏教しかないように思うのである。

そもそも中国の歴史は、春秋時代の末から戦国時代のおよそ三百年ほどで、秦、漢時代の思想史に登場する基本概念はすべて出揃ったといわれる。諸子百家と呼ばれる思想家たちの群の出現である。孔子の儒教であり、老子の道教である。のちに韓非子によって大成される法教もある。

さらに時代が下ると、後漢末から五胡十六国時代にいたる時代には、中国の民びとは動乱にあえいでいた。各国の王たちは国家鎮護を仏教に求め、こぞって西域から仏教僧を招聘したりもした。彼らは経典の漢訳や布教に腐心した。その努力が、次第に中国の地に根づいていく。そんな下地はあったようである。

しかしこの時代、玄奘三蔵のみならず、法顕などの留学僧たちはなぜ、この難所を越えて、はるばる天竺までの長い旅を企てたのだろう。それまでの中国人は、人智を超えたキリスト教のような唯一神を考えたり、来世を想定するということはなかった。不老長寿は願うところだったが、それは神のようなものにすがるのではなく、自らの力で手にすべき問題だった。仏教という思想の輸入は、中国の長い歴史のなかではとてもまれなことのように思える。

タシュクルガンとはタジク語で「石の城」を意味する。海抜三千百メートル、まわりを万年雪の美しい山々に囲まれた湿地帯の中にある。そこは今日われわれがめざす、西域からインドに向かう最後の要路の町である。旅は日本を発って十八日目を迎える。

玄奘はインドからの帰路、この地に滞在し、王のもてなしを受けている。パミールを越える旅は、大部隊のほうが望ましい。それで商人たちの部隊と同行した。しかしそれが災いしたか、このとき、盗賊の一団に襲われたのである。玄奘一行はちりぢりに四散し、このとき象は驚いて、川にはまって溺れたらしい。大切な経典は大被害にあった。その場所は、われわれの通るであろうガイズ渓谷のどこかであったという。はたしてどんな荒ぶる魔の道であるのだろう。

玄奘が自らの足と、あるいは象の背を利用したかもしれないが、何十日もかかって越えたパミールの峠を、申し訳ない仕儀ながら、現代のわれわれはバスという文明の利器の世話になって越えることになる。ホテルのロビーで知り合いになったパキスタンの商人から得た情報によれば、ここを出発したバスは途中、中国側の町タシュクルガンで一泊する。そして翌日、いよいよクンジュラブ峠を越え、パキスタン領内に入り、ススト という山の中の町まで乗客を運んでいくのだという。

パキスタンの商人たちは、飾りに飾った自前の金ぴかトラックを何台も連ね、このパミール越えをしてやってきた。運転席の屋根にまで荷台がせり出しているさまは、リーゼントトキンキラトラックとでも名づけようか。これが隊をなして走ってくる様はなかなか壮観である。

国と国の貿易というよりは、地域と地域、つまり新疆ウイグル自治区と、パキスタン東北州との交易隊なのだ。パキスタン側からはドライフルーツ、革製品、スカーフ、ナイロン製品など、中国側からは、雑貨品、工具、陶磁器、お茶、そして、ここカシュガル特産の綿が行きかう。この辺境貿易が始まったのは七〇年代あたりからで、パミールを越える道路、中巴《ちゅうば》公路が開通して活発になった。これをパキスタン側ではカラコルムハイウエイと呼ぶ。標高の高いところだから、五月頃にならないと、道は開通しない。開通しても、暖かくなると雪解け水が流れ出し、毎年、道路はズタズタに寸断されてしまう。そのたびに修復されてきた道路だから、いつ通行不能になるかもしれない。困難さは想像にあまりある。しかし、それゆえにこそ物資の搬送には意味があり、商いの価値が存在するのだろう。現代のシルクロードなのだ。

パミール高原は、崑崙、カラコルム、ヒンズークシの大山脈が三つ巴にぶつかるところに形成された巨大な高原である。高原とはいってもその平均海抜は五千メートル。国境のクンジュラブ峠は四千六百メートルの高度である。まわりには七千メートル級の山々がそびえる。高山病の可能性も危惧されるのである。われわれはそのパミール高原を越える。この旅の最大の難

リーゼント・ギンギラバスは難所続きのカラコルムハイウェイを越え、荷物を山高く積んでやってくるのだ。ホテルのロビーで知りあったパキスタン人のその運転手とはなぜかウマがあって、しこたま旅の情報を、収集することができた。

所である。

『漢書』「西域伝」に、漢臣杜欽《ときん》が、このパミールの旅の困難を、次のように書いている。紀元一世紀の頃のことである。

「漢に属しない国を、四、五カ国経過すれば、斥候の士百余人が夜を五交代し銅羅《どら》を打って自衛しても、なおときには侵盗されます。（略）諸国のうちのあるものは貧しく小さくて食糧にさえこと欠き、あるものは桀黠《わるがしこ》くて供給を肯《がえん》ぜず、そのため強漢の節《はた》を擁しながらも山谷の間に飢え、物乞いしたとて得るところがなく、十日か二十日を経れば人畜ともに曠野に見棄てられて帰りません。また人が大頭痛《だいとうつう》・小頭痛の山や赤土《せきど》・身熱《しんねつ》の阪を越えれば、毒気により発熱して生色がなく、頭痛嘔吐を催させ、驢馬などの畜類もことごとく同様であります。また三つの池や盤石《ばんじゃく》の阪があり、道の狭いところは一尺六、七寸、長いところでは径《こみち》が三十里にもおよんでいます。崢嶸《そうこう》と

白い大きな袋には、この地特産の綿がいっぱいつめられている。交易の品々に混じって われわれの荷物も、バスの天井に乗せられ、あみがかけられた。

し深く険《けわ》しく測《はか》り知れぬ深淵に臨めば、行く者は騎馬でも徒歩でもたがいに支えあい、縄や綱で引きあいながら二十余里行ってはじめて県度国に着けるのです。畜類が墜落すると、まだ谷底までのなかばにも達しないうちにことごとく砕け散り、人が堕《お》ちても、いきおいたがいに援《たす》けあうことはできないのです。」（『漢書8』ちくま学芸文庫）

「あっ、見て、石が落下してる」

ケースケが指差すところをみると、子供の頭大ほどの石が二つ三つ、急な崖を転がり落ちているところだった。

急斜面の断崖を、L字型にえぐるように削り取ってひらいた山道が続く。岩山は、ただ無機質で、荒涼とした世界を作っている。おそらく、毎年繰り返される雪解け水の激しい流れに洗われて、岩や石は山肌から剝き出しになっているのだろう。

「やばいよな。これから、あそこを通るわけだろ」

「ときどき、そんな事故があるらしいんだよね。この道」

あの上のもっと大きな石や岩が落ちてくる可能性は充分にある。このバスの立てる音や、ほんのわずかな振動が伝わるだけでも岩肌は反応するかもしれない。降雨によって地盤は軟弱化していないだろうか。小さな地震でもあれば、簡単に崩落するにちがいない。道の両側には落石したらしい大小の岩が、ごろごろところがっている。そこへバスは突き進んでいくのである。もっと大きな岩が落ちてきたらひとたまりもない。べしゃりとつぶされる。運は天に、命は頭上の大石の気まぐれにまかせるだけという心境になる。

やがて車体を揺らしながらも、バスはそこを通り過ぎた。

「第一関門突破、か」ぼくらはつかのま、胸をなでおろす。

しかし悪路は続いた。いくつもの山襞から、急流が流れ出していて、それが一本の大きな川にそそぐ。川は激流と化して、ものすごい勢いで流れていく。谷底は深い。バスはその谷底の流れをはるか左眼下に見ながら走っていく。ハンドルをひとつ切りそこなえば、谷底へ一直線だ。道は片側車線だが、まだ一度たりと、対向車には遭遇しない。

山からの鉄砲水で寸断された箇所もあれば、ごっそりと道路が削られて、大きな穴状に陥没しているところもある。バスはそういうところを迂回して、車体を大きくゆらしながらゆっくりと進む。バスの重みで道路が崖崩れを起こすなんてないのだろうか。車体が大きく右に傾く。次

岩が、石が、いつ落下してもおかしくない。
激流に沿って 荒ぶれた道は続く。

いで左。そのまま横倒しになるのではないかとひやりとする。居眠りをしていた隣りのパキスタン人のじいさんが、前の座席に頭を打って、なにごとだという顔をして目をさます。後部座席のリキ君とケースケを振り向くと、えらいことになったと、その目が語っている。

登り坂はさらに急になる。高度はどんどんあがる。しきりと口唇がかわいていく。誰かが持ち込んだスイカがバスの床をころがる。左手に見えてきた山魂は、大昔の造山活動をそのままの姿で残している。何層もの岩の長方体が、天に向けて四十五度の角度でつき出しているのだ。

頭痛のようなものを感じた。高山病は体質によって個人差があると聞く。ときには死に至ることもあるという。自分がどっちのタイプなのかはわからない。

「頭、痛くない」

ぼくの問いにケースケが答える。

「なんか、胸が締め付けられるような、変な感じがする」

リキ君は、放心したように遠くの白い山を見ている。顔はこころなしか青白い。

パンクともなれば運転手はもぐる。乗客たちはそれをとりかこむ。

玄奘三蔵の象が溺れたのはどのあたりであったか。どこで溺れたとしてもおかしくない。つのる恐怖はなみのものではないが、自分でできることはなにもない。ひたすら身をちぢめ、つつがない運行を祈ってバスに身をゆだねているほかはない。

まことに恐ろしい道行きであったが、ひたすら神経を鈍磨させて耐えた長い一日が終わりに近づいた。朝の十時に出発したバスは、途中何度かパンクの修理をし、夜の十時近くになって、やっとのことでタシュクルガンにたどり着いた。

翌朝、まだ未明のうちに、ぼくは目が覚めてしまった。寝ている二人を残して、外に出てみることにした。

空気が冷たいほどに清冽である。人も車も通っていない。大通りをそのまま東の方向に進んでいった。十分ほど行くと大通りが切れ、眼下に、石づくりの家々の小さな集落が現われた。そのむこうに広々とした湿地帯がひろがっている。崖をジグザグに切り開いた道を降りていく。湿地帯ではあるが、青々とした草の原である。その未明の草原を、二頭の大きな牛を引いて歩いていく人の影がある。

草原の中に踏み込んでいく。名も知らぬ高原の植物が、可憐な紫色の花をつけている。

まわりはぐるりと山々に取り囲まれている。東の方角、崑崙山脈、パミール高原の稜線が黒々と浮かび上がっている。その向こうに、なにかとてつもないエネルギーを秘めた光が、顔を覗かせようとしている。

下りてきた町の方角を見ると、その町の向こうには、カラコルム山脈、ヒンズークシ山脈がつらなっている。その連峰が、東の空からの光を受けて、輝き始めた。連峰の上に君臨する薄い雲の層、万年雪をかぶった山頂が、その光を受け、変幻してやまぬ色彩をあふれださせる。朝焼けの大スペクタクルである。天地創造の瞬間を目の当たりにしているような感動を覚える。勇壮な天空の光景に圧倒され、この大自然に飲み込まれるような思いで、ぼくは立ち尽くした。

考えてみれば、自然界はいつも人智を超越した現象をわれわれにつきつける。その前で人々は沈黙し、小さな存在であるおのれに気づき、この宇宙に畏怖、畏敬の念を持つ。おそらく信仰とはそんなところから生まれるのだろう。人々は、なぜ自分が存在するのか、世界はどうなっているのかを考え、宇宙の無限空間に思いをはせた。世界の諸相の真理を究明したいと考えてきた。自然科学が今日のように発達していない太古の時代にあっては、空想力、想像力が真理にいたる翼となった。たとえばこのような神々しいまでの光景を目の当たりにしたとき、人々は人間世界を超越した天上の世界を想像し、それを世界の成り立ちの物語や思想に昇華させ、体系化させていったのだ。

西の山並みの向こうから到来する、天空の神々しい光の変容を全身に浴びながら、つかのま忘我にひたっていた神秘の時間が不意に中断した。

東の山々の一点からとてつもないエネルギーがあふれ出してきた。そして溜めておかれた力が、一瞬にして解放されたかのように、街と草原が闇夜から甦った。家々の石の壁が、バラ色に光り輝いて浮かびあがったのである。

タシュクルガンの朝は、朝やけの光の洪水から始まった。山頂と空と雲とが、刻々と変幻自在に色彩を変化させて輝いた。

湿地帯の向こうの方で、三頭の牛を連れた人の動きがあった。

山々に囲まれ、孤立したこんな辺境の地にも、人々の暮らしがあるのだと気づく。それが今日も始まろうとしている。どのような歴史の変遷のすえに、なぜ、こんな山岳のなかの孤島を生活の場として選ばねばならなかったのか。だが、そんな問いを無意味にしてしまうように、今、ここに人々の生活は存在しているだけだ。

タシュクルガンの朝。パミールの山々は、その山容をパステルカラーに色どって輝き、人々は眠りからさめて暮らしの動きを始めた。大自然のなかで、神と人がともにある場所にぼくは立っているのだと実感していた。

未明の草原に、三頭の牛を引く人の気配。
人の一日の営みの開始だ。

カシミール、天球に星は降り注ぎ

いよいよ国境の、クンジュラブ峠を越える日である。

朝十時半に出発したバスは、乗客をまず税関の白い建物に連れていった。ところが係官たちが現れず、やっと出てきたかと思うと、一人一人書類を書かされ、丁寧に時間をかけて調査され、ふたたびバスに乗り込んだときは、お昼をとうに過ぎていた。

険しい山道を行く途中三カ所ほどで、さらに検問がある。そのつど同じ手順でパスポートチェックを受ける。軍服姿の彼らの態度は、なんとも威圧的である。早くこの国を抜け出したい気持ちになる。

バスは依然として急な坂道を登る。次第に頭が圧迫されるような、呼吸も困難な感じがしてくる。空気が薄くなって、息苦しいのである。さらに高度を上げることしばし、不意に道が平

クンジュラブ峠。中国側の国境で、つかのま、記念撮影するパキスタン人。まわりをぐるりととり囲む山々は、全て万年雪をいただいている。

坦になった。どうやら、峠にさしかかったらしい。こちらに中国の国旗、そしてむこうにパキスタンの国旗がひるがえっている。パキスタン人たちがざわめきだし、うれしそうな表情に変わるのがわかった。

二、三台の車が停まっているところにきて、バスは停止した。国境である。われわれはほんのわずかな時間、バスから降りることができた。さっさと通過しないのは、運転手のサービスといったところか。石の杭があって、中国語とパキスタン語でなにか書いてある。四方は雪化粧した山並みがぐるりと峠を囲んでいる。右手のアフガニスタン側はヒンドゥークシュ山脈、これから向かうパキスタン側にはカラコルム山脈、そして左手の中国側は崑崙山脈。世界の屋根と呼ばれるにふさわしい。壮麗な世界だ。吐く息は白く、胸が圧迫される感じはずっとつきまとっているものの、おれの人生の中で、一番高いところに立ったんだぞと、誇らしい気持ちになる。四千九百四十三メートル、富士山より千メートル以上も高いのだ。

やがて再びバスに乗り込んで出発。今まではひたすら登ってきたが、今度はずっと下り坂である。バスは右に左にとカーブを切り、大きく尻を振りながら降りていく。左手には大きく切り込んだ断崖が続く。そこを激流が音を立てて落ちていく。今までのぼってきた中国側の激流とは水の色が異なるような気がする。向こう側は無機質な灰色だったが、こちらでは茶褐色なのである。インダス川の上流の流れだ。

国境を越えたとたんに、まわりのパキスタン人たちは、すっかり陽気になった。それまではなんとはなしショボンとしていたのだが、やれやれ、やっとわしらの国だ、という感じである。

パミール高原は、水の流れが豊かだった。
そのぶん緑もいっぱい目にした。しかし、八月
にして、このうえなく涼しいのである。家畜たち
の冬はどうなるのだろう。

反面、角刈り運転手の影が薄くなった。漢民族は今や、彼一人である。その肩のあたりが、あんたらを目的地まで運んだら、おれ、さっさと、また国にもどるんだからなといっているようだ。彼はあわただしくハンドル操作を行い、アクセルを踏む足にも、力が入っている。一挙に高度は下がっていった。

やがてパキスタン側の最初の検問所に到着した。バスが停車すると、小銃を肩にかけた兵士が一人、乗りこんできた。モスグリーンのベレー帽をかぶっている。

「おう、カッコいい」

リキ君が思わず感嘆の声をあげる。そして小さくつぶやいた。

「おれ、サインしてもらおうかな」

ぼくは思わず苦笑した。なるほど、映画に出てきてもいいほどの面構えだ。彫りが深く、精悍な感じである。今まで、中国側の、どちらかといえば日本人と同じ、のっぺりとした顔立ちを見続けてきたせいか、なおさらである。

兵士は陽気である。われわれをみると、「ニッポンジン、アリガト」と日本語で声をかけ、ちらりとパスポートを見ただけですぐに降りていった。これまでの、どこか陰険で権威主義的だった中国側の対応とは対照的な印象だ。

検問所の敷地内には、空きカンに花が植えられている。心に潤いを覚えた。新鮮だった。ありきたりだが、人は花を愛する。それを生活の潤いとする、そんな人の日常の行為を改めて発見したような気持ちになった。これまでの旅の行程が、あまりに殺伐としていたのだ。何気ない光景に、国と民情が変わったのだと実感する。
検問はもう一度あり、三時半になって、バスはやっと終点の国境の町、ススト に入った。

われわれはこのススト から、またバスを乗り換え、カシミールを抜けギルギットにいたる行程をたどる。まずは大きな荷物を下ろさなければならない。

一昨日、出発に際して、カシュガルのホテルで三十分ほどの時間をかけて、慎重に荷物づくりをしたのだった。問題は発作的に買ってしまったドタールとタンブルの二つの楽器。さらにカシュガルの職人街で、ナン売りの少年から譲ってもらった籠であった。

二つの楽器は互いに向かいあわせにし、あいだ三カ所ほどにクッションとしてタオルをはさんだ。タオルが足りないのでTシャツも使った。そして買っておいたロープでしっかりと縛る。これをさらに南京袋にいれて、随所をロープで縛った。これでひとつできあがり。問題は籠だった。むろんリュックには入らない。それどころかリュックが籠に入りそうな大きさである。そうか、その手があるぞとやってみると、すっぽりと納まる。それまではリュックをキャスターにとりつけて持ち歩いていたのだが、籠の中にリュックを納め、それをロープでキャスターにくくりつけた。完璧だった。

そのリュックは、バスの天井に乗せてある。二つの楽器の入った袋は、股間に挟んでパミールを越えてきたのである。

漢族の運転手は、バスの背後にとりつけられた梯子を登り、かけてあるネットをはずすと、あとはご勝手にとばかり、降りてしまった。となれば各自荷物を取らなければならないのだが、誰も登ろうはしない。誰かが登るだろうと決め込んでいるのだ。悟空も悟浄も動かない。こんな『西遊記』、聞いたことがないが、しかたない。師匠自ら梯子を登る。すると下にいるパキスタン人たちが、当然のごとく、おい、それを取ってくれ、ということになる。荷物降ろし人足となって、汗を流す師匠を見かねたのか、やっと若者二人が協力する。

大仕事を終え、楽器の入った袋を肩にかつぎ、キャスターの荷物をころがしながら、ぼくらはイミグレーションに向かった。

実をいうと、あちこちの荷物の中に、酒を持ち込んでいたのでひやひやだった。リュックの中の水筒には、カシュガルで買ってつめ込んだウォッカがある。今朝、バスが出発する際には、「ブラウンディ」という中国のおかしな酒も一本手荷物にしのばせていた。周知のように、パキスタンは禁酒国である。税関で見つかれば、即没収だろう。ところが、税関はパスポートをみせただけで、荷物検査もなし。いささか拍子抜けしたが、旅の平安ほどありがたいものはない。ぼくらは無事に、パキスタン国境を通過したのである。

となれば、さっそく腹ごしらえをして、次なる旅の行程へまっしぐらだ。空腹を抱えていた三人は目の前にある石作りの山小屋のような食堂に入り込み、三種のカレーを注文する。といっても中に入っている野菜が、ナス、シシトウ、ニンジンと、異なっているだけの代物だが、一同、黙々と、ナンの山を減らしていく。

食堂を出ると、運よくミニバスが出発しようと準備をしているところだった。行き先はギルギット。料金は適正だ。三人座れるかと聞くと、ノープロブレムという答えがかえってくる。

ところがなんと、横に三人がけ、五列サイズのミニバスの、三人がけのところに四人ずつがおしこまれた。最後部の座席に右から、ケースケ、ぼく、リキ君、そして黒ぶちのメガネをかけたパキスタンのじいさん。申し訳ないことに、身動きのできない四人の膝の上には楽器の入った袋がのる。ネックの部分は、ミニバスの幅に納まらず、窓の外にはみ出している。四人の定員オーバーかと思ったら、バスの背後の梯子にも二人の男がしがみついている。先が思いやられるが、ともかく出発である。

インダス上流の流れは、まさに凶暴な激流だった。岩山がせり出し、そのむこうに、断崖をL字型に削り取った道がのびる。そのひたすらの下り坂を、とんでもないスピードで下っていく。ヘアピンカーブだろうとスピードが落ちることはない。当然、車は尻を振ることになる。後ろにしがみついている二人が、振りおとされはしないかと心配になる。振り返って、梯子の二人の様子を見ようにも、ぼくら自身が身動きができないのだ。

パミール高原を越えてきたわれわれは、危険に対していささかにぶくなっていた。恐ろしくないといったらうそになるが、怖がっても始まらないという心境になっていたから、慣れというものはおそろしい。運転手の腕を信じ、視界のきかない追い越しの際は、前方から対向車がこないことを祈るまでだ。パミール越えのときは運を天にまかせたが、パキスタン領のここではインシャラー。アッラーの思し召しのままである。

ミニバスは、一挙に高度を下げていった。

と、黒ぶちメガネの老人が、なにやら運転手に声をかけた。するとバスは、滝のような流れのある空地のところにきて、停車した。彼はどこか長老といった風格を漂わせている。バスを降り、岩場に敷物を敷いて、長老格を中心に五人ほどが一列に並んだ。そして同じ方向に向かってひざまずくと、礼拝を始めた。アッラー、アラ、アッラーという読経の声が、荒野に響きわたる。

それとは別に、二人組がまた別のところで、別の方角を向いて、同じように礼拝を始めた。なるほど、これは宗派が違うのかもしれない。人数の具合からして、岩場の五人がスンニー派で、こちらはシーア派だろうか。

お祈りに参加しない乗客たちはおもむろに、水の流れで手足を洗い、顔を清め始めた。ぼくらもそれにならった。山から流れ落ちる水は、清冽で身の引き締まるような冷たさだった。

バスの窓から見える外の景色が優しいものに変わってくる。ローズマリーによく似た紫色の花の群生、オレンジ色をしたアンズのような実をつけた木々、どこか桃源郷のような雰囲気が漂う。ここでも空きカンなどを利用して花壇を作っている。人ごこちのつける光景である。

しかしどうやら、われわれはカシミール地方に入ったのである。イスラム教徒が多数をしめる地域で、カシミアの産地として有名だが、今はむしろ、インドとパキスタン両国がそれぞれ自国の領有権を主張している地帯として世界の注目を集めている。両国は政治的対立から、三度にわたる印パ戦争を起こし、核実験によってお互いを牽制しあってきた。

検問していた自警団のひとたち。
見かけはものものしいのだが、彼らはいたって陽気である。ピースサインはしないまでも、カメラを向けると、気楽に応じてくれた。

そんな紛争地域であれば当然というべきか、途中、ここでも三度ほど検問があった。おそらく県が変わるのかどうか、そのつど、車に乗ったまま、あるいは車から降ろされて、パスポートチェックを受ける。ところによっては、ぶ厚い台帳に、パスポートナンバーと国籍と名前を書かされる。

だが、そのつどのミニバスの乗り降りが大変なのである。まず前の人の降りるのを待つ。楽器の袋を持ちあげる。その下をくぐってリキ君が降りる。黒ぶちメガネじいさんが降りる。楽器を座席に置いて、次いでぼくとケースケが降りる。そしてバスに乗りこむときはこの逆の手順をふむのだ。

二度目の検問のときは、あたりはすっかり暮れて暗闇がひろがっていた。

年配の検査官は、ミニバスの前の席から順に、乗客たちの手荷物のチェックをはじめた。しまったと思う。あの調子で調べられたら、せっかくここまで無事にきた「ブラウンディ」が見つかってしまう。単なる没収でおちつくのか。没収のうえ罰金まで払わされることになるのだろうか。それともどこかへ連れていかれて、ムチたたきはないにしても、アッラーの神の前で改心のざんげでもさせられるのか。いずれにしても「ブラウンディ」が無事であるはずはない。

手荷物をこっそりと足元に移動させた。と、おどろおどろしい検査官は目ざとく楽器の袋を指さして、「なんだ、これは」と大声をあげた。調べる必要があるから降りて来いと命じる。矛先が思わぬところに向かった。検査官の目は足もとには届かず、南京袋の包みのほうに向いたのである。確かに一見したところ鉄砲でも二、三丁包んでいるようにも見えるのである。

例の順で、ぼくは車から降りた。窓ごしに、ケースケから楽器の袋を受け取った。裸電球の薄暗がりの中で、せっかくていねいに縛ってあるロープをほどいていった。何が出てくるんだと、乗客や他のパキスタン人がまわりを取り囲んで、好奇の眼を注ぐ。

「なんだ、ドタールじゃないか」

そんな声がかかった。彼らの表情が、一瞬にして和んだのがわかった。しかし検査官は、振り上げたこぶしをもてあますかのように、憮然としている。

「日本人だぞ、通してやれ」

まわりの応援に折れる感じで、検査官は無罪放免を宣した。しめしめ、「ブラウンディ」の持ち込みは成功、ぼくは心のなかで手を打つ。

ミニバスはさらに疾走した。途中、小さな町で、夕食の時間をはさむ。

またもカレーとナンのお決まり料理を胃袋に詰め込んだ後、人気のない路地の暗がりにいって、「ブラウンディ」をしこたま胃に流し込み、それから、暗闇濃い街角を数分散策した。角の店は銃器店だった。鉄砲が売られているのである。そういえば、今日下ってきた町や郊外で、銃を肩からかけた、明らかに民間人とおぼしき男たちをしばしば見かけた。ここがインドとの国境問題を抱えたキナ臭い地域だと認識を新たにする。あのアフガニスタンも、いくつか山を越えればすぐそこだ。有事の際は、いつでもスタンバイということなのだろうか。

三度目の検問はギルギットの町の明かりが、眼下にせまったところまできたときだった。長い一日であった。あの明かりのどこかに、今夜、われわれの泊る宿があるのかと思うと、ほっとした気持ちだった。その明かりのどれでもいい、早くそのひとつにもぐり込みたい。

突如、ケースケがうなり声をあげた。

「うわー、星がすごいや」

見あげると、なるほど、星の大きさと数は圧巻である。星というのはこんなにもたくさんあったのかと驚く。まわりは漆黒の闇夜。まるで星空が、そのままいっせいにせまってくるような迫力である。とてつもなく濃い星の密度。ひとつの星と隣りの星。と見れば、その間にもいくつかの小さな煌めきがある。三人してしばし星空を見あげた。

「われわれがいるこの星も、あの星ぼしのひとつにすぎないのだ」

なぜかしら自分の身体が、精神が、少しだけ軽くなったような不思議な感覚を抱くのだった。

自分自身が、あの広大無限の煌めきの世界に吸い込まれていく。そんな宇宙を感じる。数分のあいだに、二度三度、流れ星が長い尾を引いた。

満天の星空に、引きこまれるように、しばし みとれる。

Kさんへの手紙、ギルギットより

日本の夏、いかがお過ごしですか。

日本をたって、はや二十日余り、冷奴に枝豆なんかが、かなり恋しくなっているこのごろです。しかしわれわれのこの旅も終盤にさしかかってきています。一昨日、中国とパキスタンの国境にあるクンジュラブ峠を越え、一番の難所と危惧していたパミール高原の山越えも果たし、インダスの上流を一気に南下しました。そこはカシミール地方といい、インドとパキスタン両国が領土争いをしているきな臭い地帯でした。アフガニスタンとの国境も近く、いささか物騒ではありました。どの町の手前でも、自動小銃を肩に下げた自衛団のような集団による検問が何度もありました。

インダス上流の流れは、まさに激流でした。山道はその流れと平行して、右に、ときに左に下るのです。大きな氷でできたトンネルをくぐりました。八月だというのに、山影に陽をさえぎられて、まだ解けないでいる氷の塊りでした。途中、ススト という町でバスを乗り換え、さらに下流にあるギルギットという町まで下り、そこで一泊というわけです。

そして、この町の近郊に、磨崖仏があるというので、昨日見てきました。そこでぼくは、今まで経験したことのない、奇妙な戸惑いにも似た感慨を覚えたのでした。それがどんな心理作用であったのか、実はいまだによくわからないまま、これを書き始めています。

ブッダの活躍したのが前五世紀、その教えがインド全域にひろまります。一方、マケドニアの王、アレキサンダーの東方への大遠征があり、ヘレニズム文化がひろまりました。前一世紀には、「ギリシア・ローマの造形芸術」が仏教と出会い、ガンダーラ美術が生まれたとされています。仏教美術が花開くのです。以後、盛んに作られる仏像は、ガンダーラ地方を中心に、四方に伝播していきます。アフガニスタンにもずいぶんと仏教遺跡が残っているし、そしてパキスタン北部の山岳の奥深くにある町や村にも、数多くの遺跡は存在するようです。われわれが昨日バスで越えてきた峻険な山々を越え、その文化は西域へ、そして東の中国へと伝わっていった。今回の旅を振り返り、その自然条件の過酷さを思うとき、一千年前、二千年前の人の往き来がにわかに信じられない気持ちです。

こちらは禁酒国のつらさ。ビールとはいかず、炭酸ソーダ水である。
Kさんに手紙を書く。彼は今ごろ枝豆におしんこ、ビールでプハーッをやっているにちがいないのだ。

街の郊外、車で三十分ほどのところに、その磨崖仏はありました。持参したガイドブックによれば、七、八世紀のものだといいます。まわりは緑の気配のない岩山だけ、唯一、流れ落ちる急流が、生き物のように音を立てています。磨崖仏は、ほぼ垂直に切り立った断崖にありました。岩肌を掘って、線描で描かれた大きなもので、その表情は日本の田舎道なんかにある石仏のような、思わず微笑みたくなる、にっこりと笑みをたたえたかわいいものでした。

その磨崖仏に向かう岩場だらけの山道で、ぼくらは地元の若者四人と遭遇しました。なぜ彼らがこんなところにいるのか、よもや仏参りでもあるまいと思いながら、しばらくのあいだ時間をともにしました。磨崖仏の断崖の下の岩場に座って、彼らに日本のコインなどをあげたり

とげとげしい岩場をぬって激流が流れる。そこをぬけると、むこうに、磨崖仏が見えてくる。その表情は、日本の田舎にあるおじぞうさんのようにかわいいのだ。

したのです。彼らは高校生くらいか。しかしそのうちの一人を除いて、三人の肌の色がいずれも白いのでした。最初、これはどういうことなのだろうと漠然と思っていたのですが、そのうちぼくの脳裏に次のような言葉が浮かんできたのでした。

「仏像の前に白い肌の人がいる」

ここでこうして、改めて白い肌の人々に囲まれて、しかもその上には仏教遺跡があるというのが、どうも妙な思いでした。

すると突然、頭のなかによぎるものがあって、一人声を出していました。

「そうか、仏像の前に白い人がいたんだ」

それは思わぬ発見のように思えました。そうか、仏像の前に白人がいたのだ。

それは後になってよくよく考えれば、当たり前のことを再確認している瞬間であったかもしれません。東洋の宗教であるはずの仏教、その仏像の前に西洋人の特徴を持つ白人がいる。ぼくは混沌とした気分のまま、その違和感をもてあましていました。

ぼくは首をかしげたいような気持ちで、なぜ彼らの肌は白いのか。まずそんなことを考えてみました。彼らはアレキサンダー大王が東方遠征したときの兵士の末裔だろうか。あるいはまた移住してきたギリシア人たちの開いたバクトリア朝の末裔だろうか。そんな途方もないことも考えました。パキスタンの人は色が黒いという先入観が、まずぼくの中にあったのは確かです。しかし、なかには白い人がいたとしてもおかしくはないのです。パキスタンはイランとインドにはさまれた地理的位置にあります。イランとはそもそもアーリアンという意味であり、インドはまた紀元前に多くのアーリアンが進入していったところです。したがってその移動の途中にあたるパキスタンに、白い人、つまりアーリア人がいるのはあたりまえのことなのです。南下したものの肌の色が黒いというのは、むしろ後天的に得た、彼らの外的特徴ととらえたほうが自然な気がします。ましてやこのギルギットという地域は北の山岳地帯に位置することから、黒い肌にならなかったとも考えられるのです。山をいくつか越えれば、もうアフガニスタンです。そこはまさに民族の十字路といわれ、長い歴史の中で、多種類の民族が交錯しているところなのです。

しかし問題はそんなところにあるのではない。仏像が白い人たちとともにあるという、違和感、これはぼくの心理のなにに起因しているのだろうと考えました。

かつて大学を卒業すると、ぼくはイタリアに渡りました。ペルージアの下宿で、同じ下宿人学生であるイタリア人のニコラと、宗教についてディスカッションをしたことがあります。その頃、まだイタリア語が話せなかったので、同室のアメリカ人のビルが通訳という形で加わりました。ニコラは日本の宗教は何だと聞きました。厳密にいえばシントイズム（神道）も含まれるのでしょうが、混乱を避けるために、ブッディズムだと答えました。彼は、それには「復活」という概念はあるのかと、聞きました。コチコチのクリスチャンでした。そのほかの宗教の存在を認めようとはしません。彼は南部の出身の学生で、今ではそんなことも少なくなっているのでしょうが、そこはカトリックの信仰がいまだに根強い地域なのでした。

キリスト教は「善」と「悪」、あるいは「天国」と「地獄」というような二元論で語ろうとするけれど、仏教はそんな簡単な概念では語れないのだ、と説明しました。話は混乱し、やがて通訳という客観的な立場であるはずのビルまでもがエキサイトして、彼はダーウインの進化論を持ち出したのです。

「ビル。おまえは間違っているぞ」

ニコラはそう叫び、部屋を飛び出していきました。

ビルもなお興奮していましたが、やがて紙片にこう書いて見せました。

GOD FIGHT DEVIL.
ALL IS NOTHING, NOTHING IS ALL.

前者がキリスト教であり、後者が仏教であることはいうまでもありません。「色即是空、空即是色」を英訳すると、右記のようになるのですね。

なぜかこんなエピソードが思い浮かぶのですが、若い留学生であったぼくは、こうして自分の精神が、ヨーロッパの文明につぶされまいとして対抗意識をかきたてていたのかもしれません。だからといって、ぼくはいかなる宗教の信奉者でもないのですが。

しかし、キリスト教は西洋のもの、それに対して、仏教は東洋のもの、という漠然とした観念を、ぼくが抱いていたのは事実です。いえ、現に仏教は確かに東洋と呼ばれるところに根を下ろしているわけです。けれども「仏像の前に白い人がいた」その光景は、たぶん、仏教が東洋の宗教であるはずだという概念が相対化される驚きをぼくのなかに呼び起こしたのです。仏教は、ぼくが漠然と考えてきたように、東洋のものではないのではないか、その根源は、西洋のものではないのか。そしてよくよく考えてみれば、アーリア人の諸思想の混合なのだ。そんな自明なことに改めて気づいたのでした。

そして、このようにぼくが違和感を抱くこと自体が、本当はおかしなことに違いないのです。仏教の、その最初の成立要素には、たとえば今になってみればヨーロッパの歴史の深淵に流れているものと同じ、アーリア人の諸思想が濃厚に混在している。こんな自明のことを、再認識したにすぎないのでした。

しかし東洋とはいったいどこからどこを指すのでしょう。あまりに漠とした問題です。西洋人が、自分たちの土地の向こうをオリエントと呼んだ。そのオリエントから向こうはすべてが東洋になってしまった。どうもこのあたりが、話を複雑にしているような気がします。こうしてみると、はたしてインドというのはわれわれの考える東洋であるといえるのだろうか。そんな疑問も湧いてきます。何の本であったか、インドは東洋ではなく、「中洋」だと書いた本がありました。なにか賛成したいものがあります。ブッダ自身は、諸説あって、アーリア人とも、そうではないともいわれていますが、そんなことにこだわる意味も必要も、ないわけですね。

中国側から、人の往来を拒絶するような峻険な山を越えて分け入ったところに、子供の頃から見慣れているお地蔵さんのような、にっこりとした表情の磨崖仏があった。しかもそのまわりには白い肌を持った人たちが、なにげなく立っている。ぼくが違和感を抱いたのは無理からぬことかもしれませんが、それがぼくの固定観念に由来するものだという発見は貴重なものでした。

それにしても、仏教はかの地から、はるばる極東の島国に伝わっていった、そしてそこにそれなりに定着している。千年以上も昔に、確かに仏教は、あの白い山と灼熱の砂漠を越えていったのだ。そんな再認識も改めてできた次第でした。

さらにいえばその教えはこの地にはすでになく、磨崖仏は過去の遺物にすぎないのです。

「君らは、ブッダと呼んでいるが、ここではブッダのことをヤッシャイニーというんだ」

ぼくらをそこに連れていった運転手は、ハンドルをまわしながら、こともなげにそんなふうにいいました。

「ヨーロッパ人やアメリカ人、それに日本人は興味を示すんだよ。だけど中国人は、まずあそこへは行かないな」

なるほど、それはひとつに、前者がツーリストで、遺跡見物に意義を感じているものが多いからであり、後者はおそらく商用でこの地を訪れるからだろうと、ぼくは考えました。そしてもうひとつは、仏教思想のそれこそ「色即是空、空即是色」という宇宙観に、なんらかの文明的な到達のすえ関心をもつものと、そうでないものの現在を象徴しているのかもしれないとも考えました。それにしても、ぼくらはこの旅のいたるところで、文化に対する温度差ともいうべき、奇妙なハレーションのようなものを感じているのです。

そして、旅の途中の生の感慨をつたえておきたいと思ったこの便りで、書きとめておきたいことがもうひとつあります。いまだ幸運ともいうべきか、生活のすみずみに仏教思想が根をおろしている極東の島国から、文化のルーツをなにがしか探りあてたいとやってきたツーリストがここで出会うのは、いうまでもないことなのですが、風壊した遺跡、捨ておかれ、忘れられた往時の栄華の痕跡でしかないという、歴史の悲劇的なアイロニーについてです。この磨崖仏を彫り、それを尊崇した人々が、ぼくのいう白い人々だとして、その人々の精神や文化はどこへいったのでしょうか。この地のどこへ消えたのか。そもそも精神や文化は引き継がれ、変容するものではあっても、遺物を残してかき消えてしまうものではないというのが、われわれの常識ではないでしょうか。それがこの地ではあてはまらないのです。

おそらく、その理由は、旅の途次、幾度も痛感してきたように、この不毛な砂漠と峻険な山岳のシルクロードの地でくりひろげられた自然と人為の歴史の激烈さに求めるほかはないのかもしれません。東西文化の交通路であるということは、見方をかえれば、民族や諸族の移動、衝突、駆逐、混交にさらされる場所であったということであり、この地に流れた一千年から二千年の時間でも、往時のオアシス都市のいくつかは、乾燥化と砂漠化によって放棄のやむなきにいたる十分な長さだったという自然環境の過酷さです。

人為のもっとも大きな理由が、七、八世紀以降、この地に生きる人々が魅せられたイスラム教勢力の拡大にあることはいうまでもありません。この地の支配層や知識人たちがとりいれたインド起源の新思潮としての仏教は、来世をもまきこむ宇宙観によって共同体の鎮護に大きな役割を果したのですが、結局のところそれが着実に根を下ろしたのは、モンスーン気候の自然が人々の生活を律する土地に絞られたようです。それに対してこの地域の過酷な自然のなかで生きる人々には、砂漠のなかで生まれ、成長した宗教、砂漠の交易商人たちにになわれた、現世的な利益を保証してくれるイスラム教のほうが、身にまとって生きやすかったのかもしれません。六、七世紀を栄華の最盛期として、仏教は次第に人々の心をとらえなくなり、かわって隣接する西アジアのイスラム宗教国家が圧倒的な浸透力を発揮していくのはむしろ必然であったというべきでしょう。

かくして、われわれは、二十一世紀に入った現在、みずからのいささかセンチメンタルな思惑も手伝って、この地の人々がその暮らしの中では見向きもしない千数百年前の遺跡の数々に、わが魂の来歴をたずね歩くというわけです。それがどこまで果たされたかは心もとない限りですが、少なくとも、外部からは遮断された温室のような島国で定着し、変容しつつも受け継がれてきた文化的伝統の同じルーツが、場所をちがえてこうむった過酷な運命の姿を目にすると、われわれの幸福を思う前に、文化とは何か、歴史とは何かということをあらためて考えなければ、という思いになります。

突然わけのわからない話になりましたが、この旅では、こうした仏教文化をめぐるだけではなく、騎馬民族や、オアシスの民人とのつかの間の交流もあり、日本人そのもののルーツについても考えることになりました。

今日はこれから、またバスに揺られ、ラワール・ピンディというところまで南下します。夜を徹しての強行軍です。その近郊のガンダーラ遺跡を訪ねるのですが、何かまた新しい出会いでもあればと期待しています。

帰国してお会いする頃に、どんなはなしを見つけていることやら、旅の報告がてら、一杯おつきあい願いたいものです。リキ君もケースケも、いたって元気です。実は冷奴に枝豆、ついでにサバの味噌煮、などという言葉は、今のぼくらには禁句なのです。そんなことをいおうものなら、「ああ、せっかく忘れていたのに」と、彼らのヒンシュクを買うこと間違いなしなのです。

それではお元気でお過ごしください。

たいした交通量ではないのだが、街の十字路には、交通整理のおまわりさん。彼は陽気な声をあげて、写真をとれという。

ガンダーラ仏の沈思

ギルギットからラワール・ピンディまでは、ひと晩じゅう、かのギンギラバスに揺られた。インダス川上流から、ひたすら下るのである。楽器の袋は、寝ている間に倒してしまわないよう股間にはさみ、タオルで腕に縛り付けての強行軍であった。

ラワール・ピンディはパキスタンの旧都である。パキスタンがインドから独立をはたしたあと、カラチが一時は首都であったが、今はイスラマバードにその地位を譲った。その際、ピンディは、暫定的な首都として、政治の中心地として発展してきたのだ。ここには一般庶民の生活が凝縮されたような雰囲気がある。この国の文化、あるいは風物習慣にふれようとするなら、近代都市イスラマバードよりは、断然ピンディのほうがおもしろい。きっと物価だって安いのである。ぼくらはピンディのその安ホテルで、休息がてら二日間の滞在をした。

その翌日、ピクニックにでも行くようなつもりで、三十分ほど汽車に揺られて、タキシーラの遺跡めぐりに向かった。日帰りの予定だった。タキシーラは小さな町であったが、古い時代に偉大な時間が流れた、確かにそんな雰囲気を漂わせてもいた。

午前中は、博物館見学にあてていた。ぼくらは殊勝にも、ガンダーラ仏をデッサンしようとしていた。

ガンダーラ美術は、仏教美術の黎明期を飾っている。アレキサンダー大王のインドへの遠征によってもたらされたギリシア美術と仏教とが出会うことで、この地に初めて、仏像彫刻が生まれるのである。シルクロードの旅を続けてきたわれわれにしてみれば、ある意味で、ここはひとつの到達点といえるかもしれない。子供の頃から慣れ親しんできた仏像の最初のルーツがこの地にあるのだ。

館の全容は、意外と規模が小さい。おそらく植民地時代にかなりの部分をイギリスに持っていかれたのに違いない。しかし、この石仏群をじっくりデッサンすることも有意義だろう。

三人が三様、思いおもいのところでスケッ

インド同様、ここでも牛は比較的自由に
その辺にたむろっている。

チブックをひろげた。スケッチブックは、ピンディで、昨日文房具屋を見つけて買っておいたものである。罫線のない、小学生が使うらしい大判の粗末なノートだった。リキ君とケースケは、日本を発つ際に小さなものをリュックにいれてきていた。リキ君はアルバイトとしてテキスタイル関係の仕事をしているので、なかなかじょうずだ。一方ケースケは、さすが現役で芸大をめざす浪人生だけのことはある。彼は本来なら予備校通いをしていなければならないこの夏休みに、気分転換ということで、美術行脚の旅に出たのだ。水を得た魚のように、線を走らせている。

一枚目に取りかかる。『アクセサリーをつけたマイトレーヤ』という英語の題名がついている。目は半眼というよりは、はっきりとではないにしても、しっかり開けている。なるほど仏像であることはまちがいないが、顔の造形は、東洋的であるよりはアーリア系、つまりギリシア美術の様式を強く感じる。まず顔は明らかに白人的である。高い鼻、くぼんだ目、髪はインド風の螺髪ではなく、ウェーブのかかった長髪である。当初のモデルは、ゼウスであり、アポロンであり、アテナであったのだ。古代ギリシア彫刻の大半は白い大理石だが、こちらは固そうな灰色の石像だった。

日本の仏像と、イタリアのキリストの磔刑像などを較べてみると、前者は静的で哲学的な瞑想の風情で、いかにも信仰の対象として作られている。しかし後者は、信仰の対象であるにはちがいないが、動的かつドラマティックな物語性を際立たせている。その差は教義の異質性に要因があるのだろう。ぼくの見あげているマイトレーヤは、様式だけ見れば、信仰の対象として安置するには動的で、目を半眼に瞑想する日本の仏像からは遠い感じがする。それは大雁寺の仏像たちにしても、敦煌の仏像群にしても、同じような印象なのだ。総じていえば、これら大陸の仏像たちに較べて、日本のそれは内省的なのだ。

別の像の前に立った。こちらもマイトレーヤである。新しいスケッチブックのページに線を引いていく。この彫刻の様式もギリシア風だが、そもそもこの仏像の由来には歴史的曲折がある。

ゾロアスター教は別名拝火教、鳥葬を行うことで知られている。古代ペルシア王朝においては国教として人々の信仰を集めていた。現在もイランのごく一部に残っていて、そのドイツ語読みが、哲学者ニーチェのあの「ツァラトゥーストラ」である。

そのなかから、さまざまに形を変えて多くの秘教が生まれた。そのひとつがミスラ信仰である。古くからペルシア王朝の国家の守護神として厚く尊崇されていた。ミスラ神は、契約神、戦神、太陽神などの多くの顔を持っていた。

このミスラ神は、さらに西側の世界では多様な変遷をみせる。おもに紀元一世紀から紀元四世紀あたりまで、その地は、ヘレニズム文化の強い影響下にあったので、その神官たちは、このミスラ神をギリシアの太陽神ヘリオスと同一視する。さらにミスラはこのとき、ミトラスとも名前を変え、新しい宗教に発展する。このミトラス教は、さらに西の地で勃興していたキリスト教と並ぶ救済宗教として、絶大な支持を集めた。

むろんゾロアスター教は、初期キリスト教にも大きな影を落としているといわれている。二元論、終末思想、救世主メシア、天国と地獄の観念、そして最後の審判。神学も密儀も似ており、キリスト教のイエス・キリストにあたる「救世主」は、ペルシアではこのミトラス神そのものだった。イエスの生誕祭とされるクリスマスは、本来は冬至における太陽神ミトラスの復活のための大祭なのである。

一方、この同じミスラ神は、紀元一世紀に起こった西北インドのクシャナ朝に伝わり、太陽神ミイロと呼ばれるようになる。やがて仏教のなかに融合し、仏の一人に加えられ、「マイトレーヤ」と呼ばれる。慈悲の神であり、救済の神である。あまたの大乗仏教の編纂が行われる時期であった。時代が下り、それが漢訳されて、中国、朝鮮半島、日本では「弥勒菩薩」と呼ばれることになる。

つまり、今ぼくの描いているマイトレーヤは、西に行けば、ペルシアではミトラス神となり、キリスト教でいえばイエスのような存在なのだ。けれども東に向かえば、中国から向こうでは、弥勒菩薩というわけだ。イエス・キリストと弥勒菩薩、その双方のルーツは、歴史の深層でつながっている。それはペルシアのゾロアスター教にまでさかのぼるというわけだ。

「なるほど、仏さんとイエスの中間のような顔をしている」

ふと、鉛筆を持つ手を休めて、あらためて像を見つめる。

マイトレーヤは、まさに古代の文化史の証言者なのだ。東のはずれの国では、「弥勒菩薩」は雲に乗って空を飛んでいるけれど、ここでは髭をはやして、アーリア人の顔をしている。その切れ長の目の面構えは、なんとなくリキ君と似ているな、などとよけいなことを考えながら、

このマイトレーヤは，ガンダーラ仏の特徴をよく
現わしているように思う。仏像でありながら
ギリシアの様式を強く漂わせている。

鉛筆を走らせる。

三枚目を描き終った頃、十人足らずの日本人観光客の来館があった。ひとまわり、日本語のガイドの声が、館内にひびきわたる。説明が終り、観光客たちは思い思いに、仏像を見ている。

一人の女性が、仏像をパチリとやると、係員のおじさんが見とがめた。彼は別室に連れていって、フィルムをよこせ、さもなくばお目こぼしにいくらかチップをよこせ、と持っていきたいのだ。しかしこの口髭のおじさんはどこか気が優しい。日本のおばちゃんは、「あら、ごめんなさい」と軽くあしらい、さっさと館の外に逃げ出してしまった。


午前中のデッサンを切り上げ、昼食は館の前のホテルでとることにした。

先のグループが昼食の最中だった。この地で提供できる最大のごちそうという豪華さだ。とはいっても何種類かのカレーを、白米で食べるか、ナンで食べるか、パキスタン料理の基本は変わっていない。

「豪勢に見えても、本質は変わらんものな」

「食器にかっこつけてるだけですよ」

ぼくらは、懐さびしい、苦難の旅を続けていて、ストイックな心理状態にある。どだい、ガイドつきの団体旅行などとは、目的意識が違うのだ。そんな優越感の裏に少々いじけた心理も混じっている。分相応に数段落ちるメニューを注文した。

食事をしながら、思う。このおばちゃんたちはさしずめ、「ガンダーラ仏をめぐる旅」などという旅行会社の企画に参加したのにちがいない。おばちゃんたちにかぎらず、日本人は「仏教の源流をたずねて」などという呼びこみには弱いのである。かくいうわれわれだって「シルクロード」という積年の夢の旅に胸おどらせてやってきているのだ。

一方この地の人たちはどうなのだろうか。その昔にこんな石の像を作った過去があったらしいが、それは古い昔の話であり、過去の遺骸にすぎない。遺跡にしても、これらの仏像にしても、誰からも振り向かれることなく、雨ざらしの状態が長く続いた。それが近年やってきたヨーロッパ人によって、調査がなされ、文化遺産というお墨つきをもらった。美術館も作られ、保護されるようになった。そして最近では日本人もグループをなしてやってきて、ありがたそうに写真など撮っている。スケッチブックをひろげて、石の像をデッサンしている連中もいる。外貨を落としていくぶんには結構だが、それにしてもなぜ、あの石のガラクタをありがたがるのだろう。そう首をかしげているのかもしれない。旅の途次、幾度となくそうした雰囲気をわれわれは肌に感じてきたのである。それもそのはず、彼らイスラム教徒からしたら、偶像崇拝の仏教は邪教にほかならないのである。

それはここだけの光景ではない。エジプトのピラミッド、アテネのパルテノン、インドのアジャンタやエローラの仏教遺跡など、かつてあった信仰の情熱は失われ、今そこに住む人々は新しい宗教を持つにいたっている。現代のツーリズムがそれらの遺跡に関心を示して人々を送り込むのなら、しこたま外貨を落としてもらおうじゃないかということになる

弥勒菩薩の国からやってきたわれわれを、マイトレーヤーはなんと思っていることか。あの

灰色の石に心があったら尋ねてみたいところである。

「ミトラスでも、マイトレーヤでも、あるいは弥勒菩薩でも、おれはかまわんよ。ただチップぐらいあげたっていいんじゃないか。それでこの地の人々がいくらかでもうるおうのならね。なにせおれは救世の神、いや仏、まあどちらでもいいんだが、ともかくその昔から世の人々を救済する役割を担ってきたんだ。けれど、それで人々が救われるとは思えないけれどね」

それくらいのことはいうかもしれないのである。

食器は豪勢に見えても、その中身はわれわれの食したものと、なんら変わらないのだと、思いたかった。

タキシーラの遺跡を、馬車にゆられて

午後は、タキシーラの遺跡めぐりだった。

むこうからやってきた老人の操る馬車に、手をあげる。値段の交渉をして、乗り込んだ。じいさんは馬にムチを与えながら、ときおり振り返って、ぼくらの機嫌をうかがい声をかける。むろん、なにをいっているのかわからない。彼はときおり、鼻の穴に、何か液体のようなものをそそぎ込み、ほぼ一分に一回ほどの割で、地面にペッと茶色いツバをはいた。噛みタバコらしい。

メインの通りをしばらく行くと、右手にカーブを切り、やがて舗装が途切れたところで馬車は停まった。そしてじいさんは山頂を指さして、あっちだという。どうやら、ここからは徒歩らしい。なるほど、背の低い灌木の茂る山の中腹に遺跡らしいものが見える。

馬車とじいさんを残し、ゴツゴツとした石の坂道を登った。コンクリートの橋を渡り、石段を登ると、右手に大きなストゥーパの跡と、その左右に僧院跡が現れた。モーラー・モラードゥ寺院である。

ストゥーパと寺院址がセットになってある。寺院の一室には奉献ストゥーパが当時のままの状態で保存されている。三メートルほどの高さか。おびただしい仏像のレリーフが刻まれていて、当時の様式がしのばれる。二世紀から五世紀にかけて栄えたというが、今はただ、石とレンガの堆積の跡で、見ようによっては、瓦礫を積み上げただけのようにも見える。およそ信仰の空間の一部であったようには見えない。これが日本の寺院の様式の源流だったとは、いささかさびしい思いになる。

仏教が発祥して、五百年ほどの時間の推移の後、その造形様式の出発点がここにあったとされるのだが、しかし今はわずかな残骸をその証として残すのみとなっている。石とレンガの集積。われわれは、カシュガルの郊外で、日干し煉瓦のストゥーパを見ている。ウルムチのウイグル人街では仏教寺院建築の形をしたイスラム寺院も見、それがいかに中国的かという思いにいたった。仏教はさらに東に進み、六世紀の日本にまで伝えられた。材質も変化した。石とレンガから木材に、である。そこには、木造寺院最古の法隆寺がある。ストゥーパはそこで五重塔と呼ばれているのである。

ストゥーパの変遷の歴史をたどることは、仏教史の移り変わりを見ることにもなる。

そもそも、インドは元来、自然現象の威力を神格化し崇拝するバラモン教が信仰されていたが、やがて祭式万能、儀式の複雑化など、社会の発展を阻害する弊害も生まれていた。カースト制度の上に立つバラモンの支配に反対する諸思想も生まれる。仏教やジャイナ教が起こるのはそのあたりである。現代のインドは、あまねくヒンドゥー教であるが、それはなおバラモン教の影を色濃く引いている。

古来インドでは、輪廻転生の思想が、一般の人々の中にあった。つまり死者は、死後再生し、新たなるものに生まれ変わると信じられていた。したがって、墓そのものがいらないのである。仏陀も、この習慣に従った。彼の死体は荼毘に付され、有力な信徒たちに八分割されたとされる。それを持ち帰って、記念碑として仏塔を立てた。これがストゥーパのはじまりらしい。仏像はまだ存在しない。偶像崇拝は否定されていた。さらにいえば、この信徒たちに八分割されたというのも異説あり、実際のところはわからないのである。

ぐるりと見渡すと、ほとんど崩壊した建物の、ほんの一角に小さな仏像が残っている。ストゥッコの技法による座像であった。ストゥッコとは、石膏像に化粧漆喰で色をつけたものである。

ストゥーパの変遷過程では、仏塔が建てられ、それに付随して僧院が建てられ、さらには仏像が刻まれる。これがガンダーラ美術の生まれる瞬間である。ギリシア彫刻の強い影響下においてであるが、仏陀の涅槃から、七百年を経ている。この地ガンダーラは、まさにこのガンダーラ仏が最初に作られた場所である。やがてその様式は東に進み、インド中央部にマトゥーラ仏を出現させる。純インド的な、グプタ様式と呼ばれるもので、中国や日本の仏教美術の原初のものとなる。

馬車が次に連れていってくれた遺跡は、ジョーリアンと呼ばれる比較的大きな寺院の跡だった。内庭には丸いストゥーパの址が見える。右手にあるストゥーパにも随所にストゥッコの石像彫刻が残っていた。龕の中で瞑想する仏陀。仏陀を守護する象と獅子。

興味深かったのは奉献塔の梁を支える小さなアトラスの像だった。アトラスといえば、ギリシア神話に出てくる地球を担いでいる神様である。それは仏教の造形様式の中に組み込まれて、やがて東に渡り、邪鬼と呼ばれる存在になるのだろうか。「マイトレーヤ」が「弥勒菩薩」と呼ばれたように。

左手の通路を通って、僧院の跡に入った。石壁だけが残る屋根のない空間である。広さ三畳ほどの部屋が続く。一段高くなったところに、ほぼ正方形の内庭がある。そのふたつの小室の間に龕があり、レプリカではあるらしいが、ストゥッコの仏像があった。番人兼ガイド係の男が、他の観光客の一団にかかわっているあいだに、三枚のシャッターを押した。

タキシーラの遺跡は、ただポツリと一本の樹木が立っているだけ。しかし残る礎には古代ギリシアの植民地らしい、方形の石積みが、夏草のあいだから、姿を見せていた。

馬車は来た道をひきかえし、途中を左手にまがって、そのまま木々の繁みの道をつき進む。

やがて広々としたところに来て停まった。

「本物だぞ。千ルピーだ」

入口の階段にさしかかると、どこからか現れた物売りの執拗な声がかかった。小さなガンダーラ仏の仏頭売りである。その粗末に焼かれたテラコッタが、むろんオリジナルであるわけはない。その若い男は法外な値段をふっかけてくる。

「しかし、もっともらしいことをいうよね。すごい値段をいう」

隣りを歩いているリキ君にいうと、

ストゥーパの台座のレリーフには、おびただしい数の仏像が彫り刻んであるが、全て、顔の部分は破壊されている。これもイスラム教徒によるものか。

「それでなければ、本物とは思われないですからね」

取り合わないでいると、「いくらなら買うか」と追いかけてくる。面倒なので「十ルピー」と答えると、リキ君がくすりと笑う。

シルカップの遺跡は、ギリシア型の都市に共通して見られるようなアクロポリスになっていたのだろうか。建造物跡に張り巡らされた石畳の道路が、碁盤の目のように整然としている。

紀元前二世紀、この地に進入してきたバクトリアのギリシア人たちによって建設されたと考え

これがイラン起源のモチーフ。双頭のワシだというのだが。

仏塔をささえる邪鬼のレリーフも時間の波に洗われてすっかり摩滅している。

られている。バクトリアは、中央アジア、アム、ダリア上流域の古称、そこに進出したギリシア人の植民市が栄えたところである。彼らはガンダーラ仏教美術に、大きな影響力を持った。

中央にメインストリートとみられる大きな道路が南に向かってまっすぐのびている。その両側に、整然とした石垣が積まれて、ブロックごとに家が建ち並んでいた様子がうかがえる。石段の残る平地である。仏教遺跡であるというよりは、はるかに古代ギリシア遺跡を歩いているような気持ちになる。かつてギリシアの遺跡、オリンピアやコリントスめぐりをしたときの印象と重なるが、こちらはいたって規模が小さい。

大通りをまっすぐ進むと、左手に、ストゥーパの四角い基壇が残っている。その腰壁に『双頭の鷲のストゥーパ』と呼ばれるレリーフがある。インド、イラン、ギリシアの三文化が融合した様式を持つといわれるもので、コリント式の柱頭飾りや、その間のギリシア風の三角の破風、インド式のチャイティア・アーチの戸口があり、その上に双頭の鷲が乗っている。双頭の鷲はイラン起源のモチーフである。それはこの遺跡の最大の呼びものであるにもかかわらず、拍子抜けするほどに小さい。しかしここそはまさに仏教遺跡であるとともに、インドだけではない、ペルシアや、さらにはギリシアの文化が混入していた場所であることを今に伝えているところなのだ。少なくともこの時期には、陸続きのこの地に大きな文化の結集があったと推測できる。それはつまり、多方面からの人々がこの地にやってきていたことを意味する。仏教様式が、ギリシアからインドにまで至る広範囲な文化の集合の上に結実していったことを、如実に物語っている。

石段をひきかえして下っていくと、左手の岩山の中腹に、二つ、三つの人家らしきものがあった。女とその娘らしい人の影が小さくみえた。どうやら洗髪の最中であるらしい。その小さな生活の営みに、ふと心が惹かれた。たぶん、彼女らの暮らしが、これらの遺跡と交わることはないにちがいない。ということはこの地の歴史からも切断された生活が、ここでは営まれているということだ。仏教とイスラム教の宗教的優劣など意味はない。ただ、この地の歴史から日々の精神的糧をくみとることはないだろう彼女らに、なんとはなしに哀切なものを感じたのである。そして、いうまでもなく、彼女らとぼくらの彼我のコントラスト。人間と人間がつくり出す文明の、時空の試練が濾過したところに生まれる異差の溝が、埋められることはあるのだろうかとぼくは思う。

考えてみれば、仏陀はひたすら、「煩悩」の束縛から解き放たれて自主的な自由を得ること、すなわち、「解脱」を解いた。そしてそれを自ら実践したといわれる。したがって、キリスト教やイスラム教のように、そもそもドグマ（教義）を持たない。つまり、仏陀の考えた教えは、われわれが今考えるような宗教ではないのだ。

仏伝はすべて、後代の創作であるといわれている。仏陀への帰依と尊敬を謳いあげ、仏陀の神聖視、超人化、神格化が進むのは、彼の死後であり、紀元前三世紀、アショカ王の仏教保護により決定的になった。むろんのことこうした現象は、仏教のみならず、キリスト教やイスラム教にもみられることだ。

そしてさらに時代は下る。紀元百五十年を越えたあたりで、カニシカ王の治世の頃、大乗仏教の基本理念が確立されていく。だがここでも注意したいのは、大乗仏教は、仏陀の教えを直接伝えるものとはいえないという点である。その教えの根幹を受け、発展させ、結晶させてはいるが、先に述べたように、本来の仏陀の思想とは無縁である。

般若経をはじめとする、維摩経、三昧経、華厳経、浄土経、法華経などもこの頃に編集が進むが、これらは従来の仏教の素地の上に、ギリシア、ペルシアなどの思想、文化の流入と融合があり、その影響下によるものであった。「菩薩」の誕生や、「極楽浄土」の観念の誕生はその一例で、その起源ははるかゾロアスター教に求めなければならないのである。

こうして仏教はこの地に定着するのだが、その栄華がむなしく忘れ去られて幾久しい。

「僧伽藍は千余ヵ所あるが、壊され荒れ果て草は伸び放題でひっそりとしている」

玄奘が訪れた七世紀には、この地の仏教はすでに衰退を始めていたのだ。

1000ルピーであったはずの
仏頭の掘り出しものは
やがて.10ルピーにまで
値を下げたのだが…。

出口に戻ると、またあの仏頭売りの若者が寄ってきた。こちらが取り合わないでいると、どんどん値段を下げてくる。驚いたことに、いきなり流暢な日本語をしゃべった。

「あなた、さっき十ルピーで買うといったじゃないか」

「いったけど、気が変わったんだ」

ぼくはいささか虚をつかれたような思いで、弁明した。

「そんなのいけないよ。買うといったんだから、買ってよ。ほんとにもう」

ちゃんとした文節になっている。どこで日本語を覚えたのだろう。日本に出稼ぎにでも行っていたのだろうか。それほどに流暢なのである。レプリカよりはそちらのほうに興味が湧いたが、しつこさのほうにうんざりしてしまい、われわれは逃げるようにして、馬車に乗り込んだ。

再び、ゆったりとした揺れのリズムに身をゆだねる。相変わらずじいさんは噛みタバコを吸い、一分ごとに茶色いツバを吐く。車社会のスピードに慣れてしまっているぼくには、馬車の

ゆったりとした馬車のリズムに身をゆだね、じいさんは1分に1回、茶色いツバを吐く。

歩調は優雅にさえ感じる。

ゆったりとした亀の歩みにも似た歴史の流れのなかで、文明の伝播は展開された。出発点には瓦礫の残骸が残るのみで、すでにその教えはかき消えている。しかしその教えが行き着いた到達点ではなお、朝夕の僧侶たちの読経が聞こえる。その違いをもたらしたのは、この出発点を洗った歴史の激しい流れと、行き着いた地のそれなりにゆったりとして穏やかな流れであった、と旅の感慨はいよいよ煮つまる。

馬車に揺られながら、そんな思いを再確認しつつ、ぼくらは千数百年の時空を漂っていた。

なにをえらそうにと、道ばたの牛は思っていたかもしれない、そんな気もする。

ラワール・ピンディの宿、そして盗難

タキシーラ遺跡の見物を終え、われわれは元のピンディの安ホテルにおさまっている。恒例となっているウオッカの酒盛りが始まった。夕方、店先で買い込んだカンヅメのソーセージがうまい。ケーキの安っぽい甘みも、すこぶるおいしく感じられる。身体の芯の部分が、やはり衰弱しているのかもしれない。

そのあと、交互にシャワーを使う。ぼくは最後の番となった。頭からザブザブとお湯をかぶり、石鹸をぬりたくる。石鹸がずいぶん小さくなっていた。この石鹸がなくなる頃、この旅も終わるのかという感慨のようなものがわく。

シャワーのあと、つくづく鏡をみる。頬肉は少しそげたようになっているし、体重もかなり減っているにちがいない。この二十日と数日間、一度もそらなかった髭は伸び放題。頬にかけてはチョボチョボだが、顎のところはりっぱに長くなっている。そのまま伸ばし続ければ聖徳太子だと、まぬけた考えが頭をかすめる。

長旅の疲れもさることながら、われわれはどこか修験道の行者のように、ストイックな日々の過ごし方をしてきている。旅の環境は、豊かさとはおよそ無縁な毎日なのだ。

日本を出発する際、われわれ三人はひとつだけ約束をしたのだ。旅が終わるまで髭をそらないでおこう、と。ぼくはまことしやかに、二人にいったのである。パキスタンという国は、女性の身が堅い。男同士が手をつないで歩いているほどだ。髭をはやしていないと、その道の者かと男たちが近づいてくる。おれは諸君に対して、そこまで面倒はみれん。とりわけケースケは、ねらわれやすいと思う。したがって髭はそらないことにしよう、と。

だが、本当のところは、旅先で髭をそるのが億劫であっただけなのである。その結果、リキ君のは、なかなかどうして、りっぱなものになった。モミアゲから頰、頰から顎にかけて、黒々としたやつが、びっしりとおい茂っていて、これならばその道の人も通り過ぎようというものだ。ところがケースケはどうしたわけか髭が生えないのだった。顎のところに数えるほどのやつが、チョボチョボなのである。

「この先、ヒゲなしケースケを、どう守っていくか」

そんなふざけたことを考えながらシャワー室を出た。二人はすでにベッドにもぐりこんでいる。

パミール高原の山越えを無事に果たしたという安堵からだろうか。深い疲労感を覚える。残り少なくなったウオッカを気にしながら、さらに胃壁にたらし込み、それを飲み終えると、ぼくも早々にベッドに入り込む。

しかし、すぐに眠りにつくことができないのだった。身体は疲れているはずなのに、一方で、どこか呵責の念のようなものがこみ上げてきて、それが気になってしょうがない。一昨日、タキシーラの美術館と遺跡を見物に行った際、ぼくは思いつきで、二人にある役割を頼んだのだ。それが事件の引き金となった。

　タキシーラのホテルの値段がウソのように安かったのだ。ピンディのホテルに投宿していたわれわれは、その日は日帰りのつもりだった。しかしピンディの都会の喧騒のなかにいるよりは、ここは牧歌的である。ぼくは妙案を思いついた。

「どう、引越ししようじゃないか」

　二人にピンディにとって返し、三人分の荷物をとってきてくれまいかと提案した。自分はここで待っているから、と。

　この旅行に若者二人は同行したが、今までは切符の手配やら、重要なところは、ぼくが動いてきた。しかし師匠としては、どこかで彼らに自らの力で旅をするという経験を持ってもらいたいと考えていた。ここはささやかな冒険のチャンスだ。それくらいは若者にまかせてもいいだろう。少しは自分たちの判断で行動することも必要なことにちがいない。そんな期待もあって、彼らに頼んだのだ。二人は了解した。

なぜか禁酒国のパキスタンで、ピンディ製の酒を闇市で買う。味のほどはいわずもがなだがアルコールの度数が高いのはうれしい。

ホテルを決め、昼食をはさんだあと、白い道を二人は出発した。ピンディまでは汽車でもどり、荷物を引き取ってからはタクシーかリキシャーを使えばいい。二人を見送ったあと、いささか心配な気持ちが残らないでもなかったが、なにか久しぶりに一人になった解放感のようなものがぼくの気分を軽くした。

しかし、いつまで待ってもその二人が帰ってこないのだった。順調にいけば二時間ほどでもどって来られたはずだ。三時間が過ぎ、五時間が経過していった。何かあったにちがいない。心配が募る。とはいっても、ホテルの二階の廊下から、下の通りを見下ろして、ただひたすら待つだけである。あたりが徐々に薄暗くなり始めた。七時に近い。

すると、道のむこうの闇に、ぽっつりと二つの影が現れた。ぼくは椅子から立ち上がり、階段を下りて、迎えに出た。

リキ君が、ぼくの荷物をくくりつけたキャスターを転がしている。ケースケは楽器をくるんだ袋を肩に担いでいる。それはいいのだが、なんとなく二人の表情がおかしい。

ホテルの部屋に入って聞くと、なんと二人は盗難にあったというではないか。ケースケはショックがありありで、あまりしゃべらない。リキ君が重い口を開いた。

二人はぼくと別れ、まずは駅にむかった。しかし汽車の時刻に間があり過ぎたため、バスでピンディに向かったという。とりあえず行きは難なくむこうに着いた。問題は帰りである。ホテルで荷物をまとめ、バス停にもどり、そこに来たバスがタキシーラに向かうと聞いて乗り込んだところ、そのバスは市内をぐるりとまわるだけだった。結局元のところにもどってしまった。バスを降り、途方に暮れていると、彼らの前に一台の乗用車が停まったという。

助手席から一人の男が降りてきて、自分はポリスだと名乗った。おまえたちはピストルを所持しているのではないか、そんなことをいったらしい。男は調べる必要があるといって、ウェストバッグに手をかけた。すると、運転席から別の男がさかんに話しかけてくる。ブロークンの英語である。そちらに気を取られて応じてしまった。「おれたちは旅行者だ。ピストルなんか持ってない」。そんなふうに答えている間も、矢継ぎ早の質問攻めにあったらしい。ことの異常さに気づかせる隙を与えない、それは彼らの巧妙な手口なのだった。気がつくと、なにがなんだかわからないうちに、車は走り去っていた。車の後部座席には、老婦人が座っていたという。

その間、ほんの一瞬の出来事

すっかり暗くなった闇のむこうから、二人はもどってきた。その沈んだ表情から、なんらかの異変がおきたことは明らかだった。

のようだった。さすがにおかしいと思い、ウェストバッグを調べると、なんと、みごとにキャッシュが抜き取られていたというのである。

リキ君が米ドルを、日本円に換算して六万円ほど、ケースケにいたっては円とドルを合わせて十四万円もやられたという。さすがに二人はしょげかえっているが、今さらどうにもなるものではない。パスポートやトラベラーズチェックが無事であったこと、なにより二人の身が安全であったことをよしとしなければならない。しかしそれを口にしたところで、二人の気持ちが晴れるわけでもない。

ぼくが一緒に行っていたら、はたしてこの事態は避けられただろうか。ひょっとすると、異変を察して、ぼくは賊に抵抗していたかもしれない。しかしその結果は災いして、刃傷沙汰になっていた可能性だってないとはいえない。とすれば、彼らが無抵抗であったのは僥倖とすべきだろう。しかし、なんとしても後の祭りなのである。

そんな苦い経験があって、ぼくらはふたたびもとのピンディの、同じ宿の同じ部屋におさまっているのだ。

翌朝、また写真を撮りに行くというケースケと別れた。彼はここにきて単身で写真を撮りに行く回数が増えた。その事件があってからというもの、ケースケは少し変わった。なにかが、彼の心に火をつけたかのようだ。自分の目的意識に即して積極的に行動しようとする。

リキ君と市内を散策した。休日あけの通りに活気がもどっている。食料品店を覗いたり、職

ラワールピンディの駅前広場。駅舎は、イギリス植民地時代のものらしい。

人街では金物屋などの軒先を物色する。

ある一角にきて、リキ君はつと立ち止まり、指で示した。

「ここでやられたんですよ」

人の通りの頻繁にある大通りである。腹の底に苦いものが走る。

かつて、トルコ、イスラエル、エジプトなどを旅していて、つくづく砂漠の生活というものを思ったものだ。イタリアあたりでは、「オーソレミーオ」である。太陽を讃歌している。しかし砂漠では、太陽は悪なのだ。だから国旗に月が登場する。さらに緑というものにお目にかからない。家畜はやせ細った褐色の、栄養に乏しい草を食む。砂漠はなんの生産性も持たない。しかしそこに住む人々は、それに慣れて適応していくしかない。イスラム教の戒律が、ことさらストイックであるのは、これらのことと無縁ではないだろう。日に何度かの礼拝、偶像崇拝の禁止、断食、喜捨、巡礼、そして酒はご法度。ひたすらストイックに対処するしかないということだ。

こうした犯罪も過酷な状況を生きていかねばならぬ、適応の一方法というべきなのだろうか。

「後部座席に、年とった女の人が座ってたんだろ」

「そうです」

「やはり、計画的、かつ組織的なものを感じるよな」

彼は、それには答えなかった。

さらに行くと、その通りには洋品店がずらりと並んでいた。

パキスタン衣装は、上着のほうは、膝小僧の下くらいまで長く生地が取ってあり、両脇に長い切れ目が入っている。砂漠の生活に適応させたつくりになっているのかと思う。胸のまわりには、イスラム世界独特の模様が刺繍してある。それにパンタロンである。

男性用はどれもあっさりとしたものだが、女性ものは目移りがするぐらいきれいだ。その色使いには、はっとさせられるものもある。そして子供服はやはりかわいらしい。純白の男女ペアのものもあった。結婚式用らしい。いつしかぼくらは、一軒一軒をていねいに覗いていた。

なけなしの路銀を奪われたわれわれとしては、貧しい砂漠の暮らしに理解を届かせたとしても、このガラスケースのむこうにある世界が、本当は普通の暮らしなのだと思いたいのだった。この地の人々は、これらの服をどのように着こなすのか。自分の恋人に、どんなものをプレゼントしようか、あるいは子供に

「ほら、あれいいでしょ」とリキ君はいう。ぼくらはきっと、旅の終盤を迎え、里心がついたにちがいないのだ。

は、次はどんなものを着せようか、そんなことを考える暮らしがある。それこそが本当の姿なのだ。そんなふうに思いたかった。そう考えることで、心が少しやすまってくるように感じた。

「あれなんか、かっこいいですね」

リキ君はどうしたことか、かなり真剣に次から次へとショーウィンドウを覗いている。

「日本に持って帰っても、着るチャンスはほとんどないだろう」

「いや、パジャマがわりにはできるかもしれませんよ」

「ああ、その手があるね」

「ほら、あれもかわいい」

「この際、ぱっといくしかないかな」

「めいっていてもしょうがないすかね」

リキ君の足が止まった。

「あれ、いいでしょ」

店員に値段を改めて聞き、それから彼は値引きの交渉に入った。わずかばかりまけさせて、彼はそれを買うことにした。いつの間にかぼくもその気になっていた。

ホテルにもどると、ケースケは先に帰っていて、カメラの手入れをしていた。

「ケースケさあ。おれたちはついに目覚めたんだからな」

「はあ」

「驚くなよ。いつまでもゲリラ隊なんか、やってられないんだからな」

いや、実際のところ、慢性ゲリラは続いていたのである。それに加えて、異郷の地の文化や生活に対するわれわれの理解力、吸収力も、長旅の疲弊によって日々低下の一途をたどっていたのかもしれない。しかしもう少しである。もう少しで、この長い旅は終わるのだ。

さっそく、紙袋を開いていく。やがて出てきたものを見て、ケースケは驚きの声をあげた。

「えっ、それ、買ったんですか」

「当然です。もう、これしかないでしょ」

「これぞ、最新シルクロードファッション」

さっそく試着した。

そのパンタロンをひろげて驚いた。足一本のところに優に人一人が入れそうなくらいに、ゆったりとしている。これならどんな肥満体でも対応できる。腰まわりのところにぐるりとヒモが入っていて、それをしぼれば、胴まわりのサイズは自由自在な

灰色がかったブルーのパキスタン衣装を買う。申し訳ないほどに安いのだ。上着の胸のところには独特のシシュウがほどこしてある。そして驚いたのは、なんといってもこのパンタロン。ヒモをしぼればどんな体形でも対応するすぐれものなのだ。ちなみに、これで邦貨にして500円ほどだ。

のである。その上に上着を着る。

「おれたちは、なあ、これからは砂漠の修行者なんだからな」

ぼくにあわせて、リキ君が続けた。

「ケースケも仲間になりたかったら、この服を買わないといけないんだぞ。おれたちは、なんつったって、これからはこの路線でいくんだからな」

「そうだぞ。でも、ヒゲのないやつは仲間に入れないな。ストイック路線だからな」

「仕える神は、ゾロアスターだ。それから、えーと、ミトラス神だ」

リキ君は確かに、どこか国籍不明の、修行者のような雰囲気になっている。顎ひげがよく似合っている。かくいうぼくも、さながら怪しい新興宗教の似非教祖である。

「これでウイグルナイフ、腰にさして歩けば、最高ですね」

ケースケが、腹をかかえて笑っている。

カラチ、博物館とノラ犬

ピンディからカラチまでは、空の旅となった。ストイック路線を標榜しているわれわれにとって、飛行機はなんとなく安易な道を選んでいるようで不本意だが、それはまあ、やせ我慢というものであろう。現代のこの快適さは、旅がいよいよ終わりに近づいていることを実感させるに十分だった。

カラチの繁華街は、人、人、人、そして車やリキシャ、それにリーゼントギンギラバスなどのかきたてる喧騒で、蜂の巣をつついたような有様である。その一隅にある小さなホテルに旅の荷をおろす。この一カ月にわたる長旅の、わずか一泊だが、最後の拠点だった。ここでの眼目は、唯一博物館見物である。

遅くとも十時には入りたいと、ケースケはいった。タキシーラの博物館でガンダーラ仏をデッサンしたことが契機となって、どうやら彼は昼間は迷走、夜は酩酊のこの旅のなかで、ついに目醒めてしまったらしい。今日も博物館に入ったら、仏像のデッサンをしたいらしいのだ。

とはいえ、八時をまわっても、若者たちは寝息も立てずにぐっすりと眠っている。時計が九時になるのを待って、二人を起こした。リキ君はまだ眠そうだが、洗面をすませると、すぐさま外に出た。すでに人と、車と、呼吸するのもためらうような排気ガスが、かなり陽の高くなった街路に充満している。

　国立博物館は、カラチのほぼ中心地、バーンズガーデンのなかにある。展示室は五つに分類されていた。第一部は先史時代から原始時代、モヘンジョ・ダロからの出土品があった。次いで第二の部屋にはガンダーラ、およびヒンズーの像たち。続いて　ムスリムやパキスタンの民族的な展示室が続く。

　重点的にガンダーラ仏を見てまわった。そのうちの一体のデッサンにかかる。しかし、今日はなぜか、あまり集中力がない。ケースケはデッサンを続けるという。が、リキ君はその気はなさそうである。時計を見、十二時半に外でおちあおうとケースケに声をかけた。

第一室の、モヘンジョ・ダロの部屋にもどった。部屋の中央にあるガラスケースに入った小

モヘンジョ・ダロからの出土品。
インダス川流域の古代文明
のなかで生まれた。
なるほど、これはアーリア人の
面影はこれっぽっちもない。

さな人の頭部の彫刻は、この博物館の呼びもの的存在のようである。それは、まんざらぼくと無縁ではない。「なんだ、あれはここにあったのか」という思いである。

その昔、一人インドを旅行したときのことだ。ボンベイの博物館を見物し、その前にある骨董屋に入った。イギリス人が経営するらしいその店で、小柄なインド人の若い女性店員につきまとわれるのに閉口しながら、石膏の古くみせかけた小さな像を買い求めたのだ。弁柄を塗りたくったその像は、そのときのぼくをどこか引きつけるものがあったのだろう。イミテーションと知りながらも、若干の金を支払って手に入れたのである。それは今、自分の部屋の本棚に飾ってある。

このガラスケースのなかで見ているものは、そのオリジナルだった。なるほど、あれはモヘンジョ・ダロの出土品のコピーだったのか。改めてそんな思いで、ぼくはガラスケースの像をながめた。額の飾りやその誇り高い表情から、考古学者たちは神か王ではないかと推測している。モヘンジョ・ダロは、いうまでもなくインダス川流域に生まれた世界四大文明のひとつだ。アーリア人の侵入してくる以前の遺物として、大いに興味をそそられるものがある。

そのあと、リキ君と連れだって外に出た。正面に、ギフトショップのようなものがあったので覗いた。その店の入口で一匹の犬が寝そべっている。キツネ色をした大きな犬だ。小さな耳がたれていて、ずいぶんとスマートだ。つまり、すこぶる痩せて、あばら骨が浮き出している。野良犬のようだった。

ちょこんと頭を撫でてやると、愛想よく、ぼくについてくるではないか。公園のベンチに腰をおろすと、脇に座っておとなしく頭を撫でられている。その顔をよく見ると、目が黄緑色のような、黄土色のような、そして眼球の輪郭が実にあいまいで、ぼやけている。次第に慣れてくると、犬はベンチの上に上がりこみ、こちらの腕をくわえようとしたり、顔をなめようとする。

別のベンチにリキ君が腰かけている。するとふらりとやってきた警官が、彼と何やら話を始めた。警官も暇とみえ、やがて二人してベンチに腰をかけて、おしゃべりを始めた。いったい何を話しているのだろう。見渡せば、ほかにも何匹かの野犬がいる。何をしているでもない男たちの姿が、あちらに一人、こちらに一人。


あの像が出土したモヘンジョ・ダロの遺跡はハラッパやロータルと並んで、紀元前二千五百年前から続いたインダス文明の所産である。世界最初の排水設備を備えた、城砦に囲まれた人口四万人を擁する大都市空間であったらしい。町は計画的に建設されており、家の多くは焼きレンガの二階建てで、公共浴場、集会場、穀物倉庫なども備えていたという。

考古学者たちは、インダス河流域に二千キロほどにわたって、百カ所ほどの集落跡を発見している。それはメソポタミアとエジプトをあわせたよりも、なお広範囲な規模に及ぶといわれている。その文明はメソポタミア文明とも交易でつながっており、考古学的には人類の歴史の揺籃期をその深層に埋めている。

しかし、注意したいのは都市は城砦に囲まれていたという事実である。人類の揺籃期のそんな古い時代から、文明を持つということは、都市を防御する機能を持たなければならなかったということだ。人類の歴史の宿命なのだろう。それにもかかわらず、この文明もまた、歴史の常として崩壊してしまう。相次ぐ地震や洪水、河川の流路の変更などで大打撃を受け、やがて北西部からアーリア人の侵入を許し、これらの都市は衰退していった。この先住民たちは、ドラヴィダ語を話していたといわれる。あの像には、確かにアーリア人の面影はない。

アーリア人の南下は、当時のこの大陸をまったく新しい世界に変えていった。いたるところに大混乱があっただろうと想像する。この地においては、二つの大きな民族のグループ、先住のドラヴィダ語族と新参者のインドヨーロッパ語族が衝突し、以降長い時間をかけて混合していった。インドの先住民たちもまた、あるものはカースト制度の最下におかれ、あるものは南下を余儀なくされた。現在、南インドに住む諸族は、その先住インド人の末裔だといわれている。

このインドの思想の歴史は、アーリア人がインドの地に移動した時期とほぼ一致して始まる。およそ紀元前千五百年前である。ヴェーダ文献は、アーリア人の書いた最古のものであるばかりでなく、まとまった文献としては人類の有する世界最古のものとされる。ホメロスより六百年も古いのだ。そのヴェーダ思想からウパニシャド哲学が生まれ、あまたの思想家を輩出した。その中にわが仏教や、ジャイナ教も生まれた。およそ千年が経過している。

一方、このインダス文明に影響を及ぼしたメソポタミア文明のにない手は、アッシリア人、アラム人、フェニキア人、ヘブライ人などのセム語族である。彼らはまた人類文化史上重要な民族群であり、表音文字を発明し、さらに時代が下ると、ユダヤ教、キリスト教、イスラム教を生みだすのである。

こうしてオリエントからインドにまたがるこの大陸では、東に「バラモン教」、「仏教」、「ジャイナ教」、「ヒンズー教」など が生まれ、西には「ゾロアスター教」「ユダヤ教」、「キリスト教」、「イスラム教」などが生まれた。

しかし、現在では仏教もジャイナ教も衰退し、この地に残ってはいない。インドにヒンズー教は残るが、パキスタンは新興のイスラム教を受け入れている。いわば、思想・宗教の歴史が、混沌とし、層を重ねている。そんな視点からこの地の歴史を考えれば、仏教などはおよそ日本人が漠然と抱いている宗教とは異なったもののようにも思えてくる。偉大な思想・宗教の生まれるその根底には、必ずや民族と民族の、人と人が衝突した激しい軋轢の歴史があるのだ。


大きな沙羅の木があって、四方に大きな枝をのばしている。首から胸にかけてグレーの線の走る小さなカラスが、枝にいっぱいとまっている。そこからときおり、群れがいっせいに舞いたつ。ガーガーとひとしきり鳴き声があがる。どこか屈託したような、けだるい暑熱の蔓延するなか、人々も野良犬たちも、ただ時間が過ぎていくのを持て余しているかのようだ。いや、唯一、カラスの群れだけが、静寂を破り、時は遅々としながらも、確実に流れているのだと証しているように思える。

沙羅の大木を見あげ、空を舞う鳥たちを見あげ、芝生のむこうやこちらに、死んだように動かない男たちや野良犬たちを見ていると、過去において、そんな過酷な歴史を彼らは繰り返し経験してきたのだとあらためて思う。しかし同時に、眼前のこの光景が、太古の昔からさして変わることなく続いていたのではないかとも思えてくる。

警官との話が終わったのか、やがてリキ君がやってきた。

「なに、話していたの」

「いや、なんてことないす。旅行してるって話」

彼はそういって、ぼくの隣りに座る。

「土、草、砂、と歩いてきて、この地はいったいなんですかね」

リキ君がいきなり問いかけてきた。彼なりに旅の思索は深まっているのだろう。

たとえば以前に三人で話しあったように、ヨーロッパは石、中国が土、そして日本が木の文化であるとしたならば、この地はそのいずれにも属しきれないようだ。先に見たモヘンジョ・ダロの遺物の時代から、この地には木か土の文明があったのにちがいないのだ。レンガづくりの都市空間を構築するのには大量の木が必要だっただろう。南ヨーロッパがそうであるように、森は、おそらく根こそぎ燃料になったのかもしれない。しかも紀元前のはるか昔に。さらにいえば、おそらくこの地は、中国の土はむろんのこと、ヨーロッパの石の文明をも経験してきたにちがいないのだ。

われわれのこのシルクロードの旅は、あらためて振り返ると、古代四大文明のうちの二つの大河に沿った旅でもあるようだ。まずわれわれは黄河流域の上流を目指した。渭水流域の黄土色の大地がよみがえる。砂礫のオアシスの町を縫い、パミールの山越えを果たすと、今度はひたすらインダス川に沿って下ってきた。太古において、この二つの流域が偉大な文明を持ったのは、まさにこの大河の存在があったからだ。仮に、中国側が「土」だとしても、この地はそれすらも消耗しつくしている印象がある。ヘディンがいうように、中国が一級の軍事的偉業もなしに四千年もの歴史を刻んだとするならば、おそらくこの地では、もっと過酷な民族の攻防が繰り広げられ続けてきた。アーリア人の南下によるインダス文明の崩壊のその昔から、ペルシア軍、マケドニアのアレキサンダー大王、マウリヤ朝、アーンドラ朝の興亡、イスラム軍、モンゴル軍の侵攻と、数えあげれば枚挙にいとまがない。

おそらく、それらの複雑過酷な歴史がこの地の人々の思想を深め、諸々の宗教を多産し、攻

ガーガーという灰色カラスの鳴き声だけが、静寂を破り、時が確実に流れているのだと、知らしめてくれる。

防を経験することになったのだろう。今日世界三大宗教と呼ばれているものの下地がここでつくられた。つまり今日の世界文明を支える要因は、そんな過去の時代に、この地域一帯に準備されていたのでは、という思いがする。

しかし今、この地は過去の偉大な文明のすべてを消耗し尽くし、木も土も壊滅し尽くしたかのようだ。堅牢であるはずの石の文明もが、瓦解した感がある。いくつかの思想・宗教は、いわばその代償として、そのなかから生まれ、生き残っているといえるのかもしれない。そして今、この地を生きる人々は、過去のそんな偉大な文化に目をやる余裕もなく、それどころか、幸運な進化をとげた現代文明の強要するモータリゼーションの巻き上げる灰塵の中に、呻吟しているかにも見えるのだ。

「砂塵かな、あるいは灰塵」

「砂よりもっと細かいんですかね」

「そう、スモッグ」

「ああ、なるほど、砂とスモッグか」

それから、ぼくは両手をひろげて見せた。

「みてよ。ほら」

犬を撫でた手が、その灰燼に汚れて真っ黒だった。

「灰塵」の国々の今日的悲劇は、先進資本主義国が生産し、劣化して使われなくなる寸前にこれらの地域に送られてくるという車輛群にも、その要因は認められるかもしれない。表面をキンキラに装ってはみても、中古車たちは劣悪な排気ガスを巻き上げるのだ。彼らに、この「灰塵」の悲劇から逃げかくれる場所はない。

ときおりカラスが数羽、水たまりでねそべっている犬のそばに舞いおりる。チョンチョンと、芝生の上を近づいてくる。犬が視線をむけると、さっと羽をひろげ、空に飛翔する。どうやらカラスたちは犬をからかっているようなのだ。犬は、それに付き合う気力もなさそうである。諦観にも似た、やわらかな表情をしている。もしかしたら、このカラスたちの訪問は、犬の衰弱の先の瞬間を待っているのかもしれない。

やがて門のところに、一人の男が現れた。片手にビニール袋を持っている。その中身はどうやら肉のようだ。博物館の裏手に向かった。痩せた犬は、その匂いにつられたようにふらふらと立ち上がった。

「空腹なる賢者よ!」

そう声をかけた。犬は一度こちらをふりかえったが、それも一瞬で、鼻をひくひくさせながら男の後についていった。

「空腹なる賢者」はなんとも
やせ細っているのである。

アラビア海に夕日を見る

イタリアに滞在していた若い頃、ひまさえあれば美術館に通い、中世やルネッサンスの絵画に接していたぼくは、そのとき、数多くの絵の中に不思議と中近東の影を感じていた。

ジョットやピエロ・デッラ・フランチェスカなどの初期ルネッサンスの絵画、あるいはボッティチェルリが描くテンペラ画のなかにも、それは感じられた。中世期につくられたイタリアの古い街並みを歩いていると、ロマネスク教会の柱にはアラベスク様式の多用が見られた。アドリア海の花嫁と呼ばれるヴェネツィアの大運河小運河に浮かぶパラッツォ建築や、それを飾るアーチ構造なども、中近東の様式を感じさせるところがある。また、フィレンツェのハンドバッグなどの革製品を売っているポンテ・ヴェッキオ界隅の露店街や、中央市場の周辺も、同様だった。ヨーロッパ近代文明の発祥の地、ルネッサンスの都のそのむこうに、東洋の気配、中近東の匂いを感じたのである。

ところが今、パキスタンの古都、カラチのバザールの路地を歩いていると、逆にこちらから、ヨーロッパ世界というものが濃厚に見えてくる。

狭い路地におびただしい商品が、にぎやかな色彩の氾濫を生んでいる。羊毛製品やカバンや衣料品があふれている。狭い通路を往来する人波に混じって、両サイドの店を冷やかしながら進む。衣料品の店が切れると、貴金属の店、彫金を施した皿や壺、次いで帽子やスカーフ、金物屋の店などが続く。立ち並ぶ露店また露店、そこにところせましと並べられた数々の商品、なめされた皮革の匂い、シルクの匂い、往来する人々の熱気、もうすっかり慣れてしまった羊の肉を焼く匂い。いにしえからのシルクロードの交易の舞台が、こうして現在にまで連綿と続いているのだと実感する。

その迷路のような雑踏を歩いていて、ふと、ぼくの足は止まる。そこにおいてある商談のための大きなテーブル、ぼくはそれを見つめ、懐かしさを覚える。年代を感じさせる木肌の持つ雰囲気は、かつてフィレンツェで見かけ、感じた気配を髣髴とさせるのである。

商品の売り手と買い手の間にある大きな板のことを、イタリア語では「BANCO」という。そこで商談をし、駆け引きや計算をする。今ではカウンターなどと訳されるが、それが「BANK」、つまり銀行という言葉の元になったと聞いたことがある。

イタリアでは「メルカート」、つまり「マーケット」といい、イスラム圏では「バザール」という。露店街の呼び方は異なっても、西と東に遠くへだたったところで、ユーラシア大陸は陸続きの世界なのだと、改めて実感できる。あるいはヨーロッパ文明のその基層に、インドや中近東の古代史が深く密接にかかわっていることを、こちら側から再発見する気分にもなるのである。

さらに行くと、道の両サイドには、商店がずらりと並んでいる。さすがに大きな街である。ファーストフードの店もあり、三人はつい足を止めて、中を覗きこむ。連日、カレー料理にナンの日々で、見れば旨そうなドーナツやらソーセージやらが並んでいる。店員たちもパキスタン衣装というよりは、パン屋さんの白い制服といういでたちだ。若い女性たちも、立ち働いている。PIAのオフィスでもそうだったが、女性が顔を隠すことなく見せているのである。北のパキスタンの町々ではお目にかかれない光景だった。アッラーの戒律も、資本主義経済体制には抗しがたいとみえる。われわれもドーナツの誘惑には抗し難く、つられるように店に入った。

リーゼントギンギラバスのこれでもかの意匠。なかにもまたこれでもかというぐらい乗客たちがひしめいている。

テーブルについてドーナツをぱくついていると、突如ケースケが、アラビア海を見たいといいだした。

彼はシルクロードの旅の出発にあたり、予備校の先生やら仲間やらから「ケースケ見納めの会」なる壮行会を開いてもらった。旅はどうやらこのままいけば、「見納め」ではなくなるだろう。帰国すればきっと「ケースケ見納めにならず残念会」でもやることになるはずだ。その際に仲間のみんなに、アラビア海を見てきたぞと自慢したいというのである。なんとしても、あのギンギラのリーゼントパキスタンバスに乗って、海をめざすという。

「いや、まだわからん。見納めになるかもしれんぞ」

リキ君が、からかっている。

人ごみとてつもない交通量と排気ガスの中を、あのバスに乗るのは臆するものがあった。しかし明朝、飛行機に乗ってしまえば、その先はもうぼくにとっては、勝手知ったるイタリアである。ぼくらのシルクロードの旅は、実際のところ今日がその最終日ともいえる。最後にアラビア海の夕陽を見るというのも、なかなかいい企画に思える。ケースケが誘導するという条件でその話に乗った。リキ君も異存はなさそうだ。ケースケはこのところたくましくなった。何事にも積極的に自分から行動を起こそうとする。

「さあ、断固として、海を見に行きましょう」

われわれは席を立った。

西陽のけだるい暑さが残る人ごみの中を、彼の後についていった。バス停には何台ものギンギラバスが次から次へとやってきた。おびただしい人々の乗り降りがくりかえされた。そのあいまを縫って人とリキシャとロバの流れ、あちこちでおこるクラクションの音……。

二十番のギンギラバスに乗る。車内はびっしりの人、人、人である。仕事を終えて帰宅するラッシュ時なのか。勤め人風の男、OLらしい若い女たち。まれに子供の手を引いた母親も見える。身動きもできないほどのすし詰め状態だから、誰もが寡黙である。ぼくの立っている前の座席に、じいさんが座っている。見ると、ポケットから紙幣を出して数え始めた。一枚一枚、シワをのばして、確かめるようにして数えている。一ルピー紙幣が合計六枚、彼は納得したようにうなずいて、それをまたポケットにしまった。邦貨にして、わずか百八十円ばかりである。

三十分ほどバスにゆられて、終点に着く。ロータリーの向こうには、何軒もの売店や食堂街が続く。階段を降り、売店のあいだの道を抜けると、広い一本道になった。その道が遊園地の方角にまっすぐ伸びている。途中途中にも露店があって、ジュースや駄菓子などを売っている。遊園地には、ところどころペンキのはげおちたさまざまな施設がある。子供を遊ばせに来ている女たち。なかには若いカップルもいる。若い男女が仲よくいっしょにいるという光景は、この国ではあまり見かけないから、結婚を許された二人なのだろうか。

遊園地をつっきり、防波堤に立つと、目の前に海がひろがった。

あいにく厚い雲が西の空をおおって、夕陽を隠していた。海は奇怪な色をしていた。いうならば、砂漠の海。青さというものがないのだった。茶色味をおびた海と空の色が、なんとなくシルクロードの旅の果てに、似つかわしい色に思える。

波打ちぎわにいたる砂浜には、どうしてか、何頭ものラクダがいて、ぼくらはわっとまわりを取り囲まれてしまった。このラクダたちもまた、粗末な布地でキンキラに装われている。御者は子供であったり、老人であったり。次々に声がかかる。

カラチの街の混沌が、そのまま海岸線にまでおしよせているような印象だった。赤みをおびた砂浜は、あちこちにゴミが堆積しており、そのあいだにイチョウの葉のようなラクダの足跡とフンが散乱している。ここの大地ばかりか海岸線もが、何層にも重なる人間の長い歴史に付き合ってきて、すっかり擦り切れて悲鳴をあげているかのようだ。疲弊し尽くした大地、そして砂漠の海、どこを探しても、生命の維持、継続を可能ならしめる色彩がない。だが、人々はこの地にしがみついて生きているのだ。

砂浜の色は赤い。それがそのままアラビア海中におしよせている。波もまた赤いのである。

海は遠浅になっている。何人かが水につかっているが、波が高いせいか、海水浴というより水遊びという感じだ。つかの間、疲弊した大地から逃れ出て、水の運動に身をゆだね、自分を解放し、取り戻そうとしている、そんなふうにも見える。

波打ち際に立つと、一刻の間をおいて、ひとしおの感慨がこみあげてくる。おれたちは、ユーラシア大陸を渡って、ここまできたんだぞ、という思いだ。ユーラシア大陸の東のはずれ、海に囲まれた国から、遠路はるばる陸路をやってきた。時々飛行機のお世話になったかもしれないが、ともかくここまでやってきたのだ。

あらためて、水平線を眺める。

「シルクロードを歩いて、海にいたる、か」

ふと、そんなことばが頭をよぎった。ぼくらは絹の陸路のはてに海にたっした。そうなのだ。海。ぼくらが歩いてきた東西の陸路は、この海の道にとってかわられたのだ。海上交通が始まると、陸の道は使命を終える。世界に名をはせたシルクロードの栄光。西安を起点とし、砂礫の河西回廊を抜け、新疆ウイグル自治区のオアシスの町を縫い、中央アジア、ペルシアに伸び、かの地中海にも通じる古代の東西交通路は、唐、宋の時代以降、福建省泉州を基点とする「海上のシルクロード」の台頭により、衰退の一途をたどったのだ。オアシス都市は孤島にかわり、内陸の辺境として人々から忘れ去られる。

海の水に触れてみたい。陸路の旅の終わりの感傷にせかされるように、波打ちぎわに近づいていき、おしよせてきた波に手をさし出した。掌にすくった海水は、見ると黄色い砂が舞っている。やはり砂漠の海だ。砂漠は海にまでつづいているのだ。そんな感慨に浸っているとき、足を波にあらわれた。靴がびしょびしょである。

万里の長城の急な石段を昇り、鳴沙山の砂山を登った靴。カシュガルの職人街を歩き、パミール高原を超えてきた靴だ。ひたすらよたよたとユーラシア大陸を歩いてきた靴である。そう思うと捨てるには愛着があった。ボロ靴は、この旅の証言者ではないか。旅の証言者。このボロ靴はいったいなにを踏みしめ、確かめてきたのか。

われわれが歩き、見てきたのは、ひとつには過去の栄華の残骸だった、といったらいいすぎだろうか。そして、その栄華のときから千数百年。歴史の波に洗われながら、この地を生活の場所としてきた人々の姿だった。

シルクロードはおよそ二千年以上の昔から、大陸の西と東を結ぶ唯一の陸の交通路であった。双方を隔てる大空間に、交易という活動を通して、人々は果敢に冒険を仕掛けたのだ。そこに町をつくり、都市をつくった。そこを行き交うのはまさに命をかけた大冒険であった。およそ紀元前二、三世紀から千年以上にわたり、この道をとおって仏教文化も伝わっていった。オアシスの町は隆盛を誇り、仏教文化の花を咲かせ、それは、極東の島国にも伝わったのだ。

にもかかわらず、それから千年以上を経た現在、シルクロードは世界の辺境の地として、かつての文化の形骸をかすかに今にとどめているにすぎない。だが、往時の文化は滅びても、なおそこに人々は生きる。

なにが変わり、なにが変わらなかったのだろう。

変わったといえるもの、人の栄枯盛衰。莫高窟が往時をしのばせるに十分の仏教遺跡であったことは確かだが、そこにはかつての人の生活も、信仰の情熱もない。世界から切り離された、ただの文化財、遺跡として存在しているだけだ。過去の栄華のよすがを横たえているにすぎない。カシュガル郊外の三仙洞や仏塔。ギルギットの磨崖仏、タキシーラの遺跡群、またしかり。

変わらなかったもの。人の往来を拒絶する峻険な岩山群、灼熱の巨大な砂漠、これら自然の冷徹過酷な無関心。そして、その自然に許されるかぎりでの人の暮らしといとなみ。過去の栄華の残影とは無縁に、自然と折り合いをつけて生きてきた人々の質素にして切実な生活。

歴史的文化の伝播の道を巨大な川の流れにたとえれば、ここインド・オリエント一帯の栄華は、川上に位置し、西にむかってはヨーロッパへの流れが続いていた。川上の文化の流れが東に行き着く先には中国、そして極東の島国があった。しかしその西と東を結んだ川の流れは、千年もの昔に枯渇したかに見える。ぼくのボロ靴は、いわば枯渇した大河の上を歩いてきた。われわれが今、見ているのは、疲弊しつくしている大地の姿だった。そこはかつて川上だったはずではなかったのか。かつて、われわれの先祖たちが憧憬し、競ってその文化を学ぼうと欲し、そして今にいたるまで、自国の文化史の出発点と見なして温存し、今もなお継承しているものではないのか。

極東の島国に根づいているかに見える仏教、それはそこに住む人々の生活と信仰を律し、あたかも永遠不滅であるかに信じさせてくれている。しかし旅の見聞は、その生活と精神世界もまた実は不確かなものであり、長い時間がつむぎだすこの歴史のなかでは、ひとときの幻想にすぎないかもしれないと証言しているようにも思えるのである。

世界は、どこへ行っても、その地の人の暮らしや文化に過去の歴史がなんらかの影を落としている。そこでつむぎだされる新たな文化は、次の時代への光源となり、新たな影を用意する。その光源のひとつでもあったこの地は、まるで燃え尽きてしまったロウソクの残骸のように、かつての繁栄のよすがを残しているだけである。われわれが歩いてきた「絹の道」は、まさにそんな歴史のアイロニカルな姿を繰り返しみせてくれていたようにも思う。この靴は、たぶんそんな時間の非情さと、人の世の無常を踏みたどってきたのだと、思いたかった。

しかしそれは、海水に濡れたばかりでなく、あまりにも薄汚れていた。日本を出発する際に新調した運動靴だったが、今はもうくたくたである。この靴で、明日はイタリアかと思うと臆するものがあった。旅の感傷をふりはらうように見切りをつけ、商店街の履物屋に並んでいた牛革製の新しいサンダルにはきかえる。靴はくずかごに捨てた。気持ちが、ひとつ新しいものになる。

そして思うのだ。現代のシルクロードは、この海の沖合いにある。そこには巨大な船舶やタンカーが行き来し、大量の物資の運搬が、西と東をつないでいる。空に目をやれば、そこにも分刻みの人と物の往来がある。この地球上を網の目のように疾走する現代文明の躍動に較べれば、われわれが歩いたシルクロードは世界からは振り向きもされない辺境の細道にすぎない。だが、この旅のプロセスがぼくらに与えたものは小さくない。なによりも、われわれは現代社会から忘れられたここまで踏みたどってきたのである。

われわれはときに迷走し、「ゲリラ隊」と化し、ときには騎馬民族気分に浸り、高山病にやられはしないかと不安に陥り、盗難にもあい、よれよれになってここに到達した。疲労は並みのものではないが、その苦難は、苦難の度合いだけ、われわれになにかを考えることを強いた。そして、ともあれ、なんとか無事に、ぼくらは旅を終えることができそうなのである。

そのとき、厚い雲の切れ間から、一条の光が現れた。光は、リキ君を、ケースケを、そしてまわりの景色を、赤くぬれたように照らした。彼らの横顔を見て、えもいえぬ達成感のようなものがこみ上げてきた。

「やれやれ、諸君、……やれやれだぞ」

「やれやれ、ですね」

そんな意味のない会話を交わしたが、長い旅の共感を語るには、それ以上の言葉は必要ないのだった。

シルクロードを踏みしめたよれよれ靴は、ついにはアラビア海の波に洗われてしまった。

イタリア・トスカーナ、丘の上の羊

レオナルド・ダヴィンチ空港に着き、レンタカーを借りた。リキ君がハンドルを握る。ローマを発ち、一路ティレニア海に沿って北上していた。

お昼に近い時間である。着陸の少し前に機内食を食べていたから、まだ大丈夫かと思ったが、リキ君もケースケも、空腹だという。街道筋にレストランを見つけ、停車した。店の構えがアンティックなつくりになっていて、ちょっと高そうだったが、ひきこまれるように中に入った。テーブルに着く。オレンジ色のテーブルクロスにナプキン。銀色に光るナイフとフォーク。どこか、自分たちが場違いなところにまぎれこんでいるような違和感を覚える。メニューを覗き込み、めいめいがパスタと肉料理を注文した。

カルボナーラをフォークに絡め、口に運ぶ。茹でたての麺に絡まるマイルドな卵の甘さ、ベーコンの歯ごたえのある塩味、ふくよかなチーズの香り。「うまい」、と思わず唸るように小さく叫ぶ。

そのときである。どうしたことか、体内がにわかにわなわなと騒ぎ出していた。

「……なんだ、これは」

その変化が、一瞬理解できなかった。胃袋が、それどころかまわりの臓器も騒ぎ出している。こんな体験は初めてである。細胞の一つ一つが、突然歓喜の声をあげている、そんな感じなのだ。送り込まれてきた養分を吸収しようとして、我先に奪い合っているかのようだ。今までひたすら粗食に耐え、文句もいわずに摂取してきたんだ、さあ、そのうまいところはまずおれのところによこせ、いや、こっちが先だと、わが肉体は、あさましくも、大騒ぎなのである。

リキ君とケースケの食べっぷりも違う。二人の目が「うまいうまい」といっている。

ぼくは改めて絶句する。

「こんなにうまいものだったのか」

次いでワインを、一口舌にころがす。こく、まろみ、酸味、渋み。舌先から喉へ、さらには胃袋から下腹全体に、じわりとアルコールが染み込むように伝わっていく。それがはっきりとわかるのだ。やれうれしや、うまいうまいと、わが臓器の一つ一つが、すっかり忘れかけていた味覚を目覚めさせたような按配なのだ。

これまで当たり前と思って食していたイタリア料理のおいしさを、再発見したような気持ちだった。久しぶりの本場のイタリア料理だからそう感じるのではない。このレストランの料理やワインが、特別に高級で美味だというわけでもない。この料理に限らず、おそらく和食であれなんであれ、普段ぼくたちが当たり前に食しているものが、実はいかに美味であるか、この瞬間が気づかせてくれているのだ。

この一カ月間、いかに、われわれの食生活がつましく貧弱であったかが、今明らかになっているのである。しかし、われわれは節約を心がけ、切り詰めた食生活だったのは事実だが、基本的には、そこにあるもの、それしかないものを食する日々であったのだ。

メインの皿を食べつくし、支払いの段になって、レシートを見て驚いた。邦貨にして一人約二千円、イタリアの物価からしたらこんなものだと理解はできるが、それにしてもなんて高いんだろう。旅の途中、われわれの食事はどんなに高くてもせいぜい三百円、まず五百円を越えることはなかったのだ。

車を発進させてからも、この「うまい」と「高い」のあいだの相関関係を考えずにはいられなかった。「うまい」ものは「高い」、これは当たり前のことである。しかしそれは、今歩いているところと、今まで歩いてきたところの差異を勘定に入れていない。両地域の物価の差は真っ先に考えられたが、納得できる回答ではない。

われわれはいつしか、かの地の食事にたいして、ある種の味覚の慣れの中にいたことは事実だった。さりとて、まずいという意識でかの地の食事を食べていただろうかと、考えてみる。そんなことはない。それらの食事は、その地にあっては日常的なものであり、うまいとか、まずいとかいう範疇もその日常の中で成立するものだ。ときには「うまい」という味覚をわれわれも味わっていたのだ。にもかかわらず、こんなにもあからさまに、自分の味覚が別の反応をしてしまうとは。

味覚を満足させるものは文化だ。文化は経済だ。富の積み重ねであり、その歴史だ。そういい切れるかどうかはわからないが、そのことをあからさまに突きつけられ、なんとも複雑な心境になる。美味を味わいながら、われわれのシンパシーが、昨日までの長い旅路のほうに傾いているのをどうしようもなかったのである。

イタリア・トスカーナ、丘の上の羊

われわれはイタリア・トスカーナの、一軒の農家に旅の荷を解いた。かつて、ぼくは何度もここに投宿している。十数年来の親友の家である。四方は丘に囲まれ、朝夕、羊の群れがその斜面を下り、そして上る。そこはもう、シルクロードの旅とは別の世界だった。

疲れていた。

ぼくは自分がそんなにも疲れていると気づかずに、ただただ旅の緊張感の連続の中にあったのだろう。しかし今はもう、レストランの見慣れぬメニューを覗いたり、行動の次のステップを考えたり、いきなり声をかけてくる道端の物売りに警戒心を募らせたりすることとは、無縁の毎日だった。

中世の城塞都市モンタルチーノが正面に見える。丘が連なり、糸杉が優美なまでの姿で、稜線にリズムを作っている。樫の木の林が、農家と農家の敷地を隔てて、丘を横切っている。大地は、よく耕作されて、秋の麦まきのためにトラクターの入った跡がある。

今まで見てきた、灰色の礫の砂漠や、生命の営みを拒絶した岩だらけの世界からしたら、ここは別天地である。まさに神に祝福された土地のようだ。自分の記憶に焼きついているあの殺伐とした灰色の映像が、はたして現実にあった世界なのかどうか。いや、今ここで見ている世界が本物なのかどうか。

　自分にとって見慣れているこの光景が、精神を旅の緊張感から弛緩させているのかもしれない。潜在的に蓄積していた疲れが、ここに来て噴出しているのかもしれなかった。しかし、肉体的疲労は、日がたつにつれ回復していったが、気持ちのどこかで、なお旅先で見た多くの光景が、鮮烈な残像を未整理のまま脳裡に残しているように思えた。それはおそらく、ぼくをこの旅にかりたてた目的意識が、その結果として得たあまたの経験をもてあましながらも、照合し、選別し、その底に埋もれているであろう意味を、くりかえし探り出そうとしているからかもしれなかった。それは自分でもコントロールのきかない性急さで、ぼくの中に渦まいていた。

　たとえば、カラチの美術館にいた、あの痩せた野良犬のことを思い出したりすると、過去に偉大な文明を持った「賢者たち」の末裔の、現代の空腹とは、いったい何だろうと思わずにはいられなかった。また、南山牧場のパオのなかにいた「聖母」の視線が脳裡によみがえったりすると、現代文明の恩恵の届かない過酷な自然の中にあって、燦として輝く強靭で毅然とした母性について考えずにはいられなかった。さらには、西安駅構内で、制服組の罵声を浴びながら警棒で殴打されていたあの農夫の、ゆるぎない意思を秘めた視線を思いだし、その国と、それを取り巻く世界の未来を考えたりもした。駆け足のようにして見てきたこれらユーラシアの断片的な光景が、時に脈略もなく露出してぼくを驚かせ、次の瞬間にはかき消え、そのつど、ぼくはまた脈略のない思考の世界にひきもどされていくのだった。

　それにしても思うのだ。ぼくらが出発したこの大陸の東のはずれ、そのむこうの島の国と、そして今たどりついた西のはずれの、このユーラシアの東と西は、なぜこのように恵まれているのだろう、と。われわれだけが、なぜこの豊かさを享受できるのだろうか。そもそも、このわれわれの「豊かさ」とは何なのか。「うまいもの」と「高いもの」の相関関係は、どのようにして生まれ、なにに立脚しているのか。その恩恵はなぜ大陸の内部には及んでいないのだろうか。そんなことを繰り返し考えている自分をもてあますのだった。

モンタルチーノの教会から、鐘の音が通り抜けてきた。礼拝でも行われているのか、音はしばらくのあいだ丘の斜面に鳴り響いた。今まで何度も聞いているはずだったが、それは何か格別な思いを抱かせる。その余韻にひたりながらベンチにすわっていると、今度は近くの樫の木の茂みから、かすかな音が湧き起こってきた。カランカランという軽やかな鈴の音が、丘の斜面を伝わってくるのだ。どうやら放牧されている羊たちの群れが移動を開始したようだった。ぼくはつられるように、立ち上がっていた。羊たちはいくつかの集団をなして、あらたな草場を求めてゆっくりと移動している。

「……恵まれた羊たち」

そんな言葉が口をついて出た。はたして、そうだろうか。確信はない。脳裡にある灰色の残像が、そんなことをいわせただけなのかもしれない。

この家の食卓には、連日、定番のブルネッロの自家製赤ワインに加えて、この羊たちの乳から作るペッコリーノ・チーズがのぼる。旅を終えた今、友人の提供するその味には、格別の思いがつのる。大陸の歴史の味だとしみじみ思うのだ。そういえば、あのカザフの少年からもらったチーズは、ウエストバッグの中に収まったままになっている。どうしたものか。ぼくはあれを食べるのだろうか。食べなければならないという責務のようなものがぼくの中にしこっている。

パステルカラーに暮れなずむ、空の色のゆっくりとした変容を見あげる。田園の光景が微妙に変化していくさまを感じながら、暑かった一日から解放され、訪れた涼しさのなか、ワインを飲みながら、いささか恵まれすぎた優雅なひとときを満喫する。

「なんだか信じられない感じだよね。あんな世界があっただなんて」

つぶやくように出てきたぼくの言葉を、そばにいたリキ君はすぐに理解したらしい。

「地獄から極楽、ですかね」

なんの屈折もなくそういい、そう聞いたとしたら、ぼくらはろくでなしだ。ともに同じ感想を抱きながら、ぼくらの心の中は苦いのである。

羊の群れが、また移動を開始した。鈴の音に混じって、あちこちから鳴き声が上がる。その音が斜面を伝ってくる。羊牧犬のガスパルが、遠まわりをして羊の群れの背後に回った。どうやら、もうすぐ降りてくる夜の帳に備えて、群れは丘を登ってくる気配である。

そのとき電話が鳴った。ケースケからだった。

彼は、ヴェネツィアに出かけていた。この水の都を訪れることは、彼の今回のもうひとつの目的だった。ここに着いて数日の休息の後、単身、念願をはたすべく、二泊三日の予定で出発したのである。リキ君の運転する車で、シエナの駅までケースケを乗せていき、彼の列車が動き出すのを見届けたとき、リキ君はいったものだ。

「ケースケ、ついに、いよいよ見納めだな」

二十歳の若者が、一人でヨーロッパの旅である。危惧するところがなくもなかったが、一緒に付き合うには、ぼくにはもうその気力はなかった。リキ君にも参加の意思はない。あそここここは見てこいよ、とアドバイスを送ったが、今までのシルクロードの旅の行程に比べたら、まあ大丈夫だろうと送り出したのだった。

それが今、無事にもどってきたのである。シエナの駅に着いたという。

どうだったと、電話口で旅の印象を聞くと、

「朝の四時に起きて、運河の水にシャッターを押し続けたんです。水の色がすごくきれいで。……ふん、相当によかった」

その声が、いくぶん興奮気味である。

「それじゃあ、すぐ迎えに行くからな」

車を発進させて丘陵の尾根道を直進し、さらに右折すると、城塞都市モンタルチーノが、夕映えを背景にくっきりと眼前に迫る。思わず視線をうばわれていると、リキ君が聞いてきた。

「あいつ、なんかいってましたか」

「かなり気に入ってたみたいだぞ」

リキ君が、なにを思いついたのか、突如笑い出した。

「しかし、彼が水のあるところに行きたがるのが、今やっとわかりましたよ」

「えっ、どうしてだい」

「考えてみれば、孫悟空はサルだけど、沙悟浄ってカッパだものな」

「ああ、なるほど。だから水のそばに行きたがるんだ」

「きっと、そうですよ」

「しかし、どうやら見納めにはならなそうだな」

「よかったよかった。『見納めにならず残念の会』をほんとうにしてもらわなければいけませんね」

車は、トスカーナの糸杉が連なる丘陵をひた走った。

あとがき

青息吐息とはこのことで、やっと脱稿にこぎつけたのである。

はたしてあの旅から何年が経過したのか。旅そのものもよれよれであったけれど、ここまでまとめあげるのも、旅の日々をふりかえりつつあっちによれ、思索の深まりを待ちつつ、こっちによれの試行錯誤の日々であった。指折り数えてみれば、九年である。その理由は、ひとえにこちらの非才にあるのだが、書いて、書ききれなかったことも多いように思う。なにしろ相手は、ユーラシア大陸なのである。費やしたこの時間の長さは、しかしあの旅と同様、実に有意義であったと、今となってはわが身を慰めるほかない。

その間、世界の情勢も大きく変わった。同時多発テロ事件があり、それによって引き起こされたアフガニスタンの戦争である。今だったら、二人の若者と、はたしてあのパミール越えなどという旅を計画するだろうかと、ふと筆を止め、自らに問いかけてみることもあった。

しかし、かの「シルクロード」の世界は、風物にしろ民情にしろ、この程度の時間や政治情勢ぐらいではあまり変わっていないのではないかと、確信に近いものを覚えるのだ。おそらく本編を読んでくださった読者には、理解してもらえるものと思う。少なくとも「シルクロード」がぼくらに見せてくれたものは、数百年、千年の単位で歴史の波に洗われ、のみこまれた生活と文化の興亡の跡であり、そこで生きつづける人々の自然で悠久な暮らしの原形だったのだから。

そして、同行した若者二人も、今ではすっかりたくましく自分の人生を切り開いている。孫悟空たるリキ君は、如意棒を麺棒に持ち替えて、蕎麦打ち職人の道まっしぐらであるし、沙悟浄ケースケは晴れて芸大を卒業し、近年は自らの画業を重ね、世界に羽ばたこうとしている。この拙書が世に出る頃ともなれば、きっと三人、久しぶりに集まって、ひそかな祝杯をあげることになるだろうか。師匠は今から楽しみにしているのだ。

最後に、関心のある読者の参考のために、簡単ながら旅の行程についてふれておこう。

7月15日　成田→北京（飛行機）
18日　北京→西安（飛行機）
19日　西安→（急行列車）
20日　→蘭州→（鈍行列車）
21日　→酒泉（鈍行列車）
22日　酒泉→柳園→敦煌（バス）

26日　敦煌↓ハミ↓（バス）
27日　↓トルファン↓ウルムチ（バス）
28日　……南山牧場へ（バス、馬）
30日　ウルムチ↓天山越え↓カシュガル（飛行機）
31日　……小さなシルクロード（黒い白タク）
8月3日　カシュガル↓タシュクルガン（バス）
4日　タシュクルガン↓クンジュラブ峠↓ススト↓ギルギット（バス、ミニバス）
6日　ギルギット↓（バス）
7日　↓ラワール・ピンディ（バス）
9日　ラワール・ピンディ↓タキシーラ（汽車）
10日　タキシーラ↓ラワール・ピンディ（バス）
12日　ラワール・ピンディ↓カラチ（飛行機）
14日　カラチ↓（飛行機）
15日　↓ローマ↓トスカーナ（飛行機、レンタカー）
30日　ローマ↓成田（飛行機）

このように、ぼくらのシルクロードの旅は、七月十五日に成田を発ち、八月十五日にカラチを離れてイタリアへと飛び立つものであった。トスカーナで過ごした二週間を別にすれば、ちようど一カ月を費してシルクロードを踏みたどったことになる。

ひと夏をかけてシルクロードを歩いてみようとしたぼくらのこの旅の道行きが、シルクロード全体のどれだけをカバーしえたかといえば、こころもとない限りである。昼は時に迷走し、夜は三人で酩酊しつつ、思わぬ水害に遭遇して汽車をバスに乗り換え、うっかり寝すごしては旅の眼目の一つトルファンを通りすぎ、疲労きわまって現代の金斗雲にお世話になってしまったりもした。まさによれよれの旅であり、一カ所に長の逗留をする余裕も資金もなく、訪れることのできなかった遺跡も少なくない。だが、豊かでない懐事情と限られた日数の自弁の旅としては、とりあえずこれが精一杯のところではなかったかという思いもある。それでも、ぼくらはこのシルクロードにまるまる一カ月を投入したのであり、ぼくらの旅がシルクロードのほんの一部をなぞったものだとしたら、それはシルクロード全体の大きさと奥深さを証するもの以外ではないだろう。

その意味では、これはあくまでも「ぼくらのシルクロードの旅」であるが、カバーしきれなかったシルクロードをさぐるためには、たぶん、さらなる旅を計画しなければならないことになろう。ぼくは、政情も治安も穏やかならざるアフガニスタンからイランへと、このシルクロードの後篇の旅をいつか実現したいと思っているが、この旅で果たせなかったものは、次の旅の計画の中に積みこんでいくことになるだろうと考えている。

ぼくにとっては、シルクロードの旅の前篇ともいえるかもしれない旅の記録をひとまずまとめ終えた今、ぼくらのまずしい旅が、それでも、これからシルクロードを歩いてみようとする読者に、なにがしかを贈るものであってくれることを願っている。

そして、末筆ながら、この本が世に出る機会を与えてくださり、筆者をここまで導いてくださった梟社の林利幸氏に、心より深くお礼を申し上げたい。

二〇〇五年二月　　横浜にて

伊藤　実

著者略歴

伊藤　実（いとう　みのる）

1951年　佐渡・相川町に生まれる。

75年　武蔵野美術大学卒業。同年イタリアに留学。

80年　帰国。画業を重ねて現在にいたる。

83年　イタリア、インドを旅行。以後も、イタリア、スペイン、トルコ、イスラエル、エジプトなどをたびたび訪れる。

87年　第一回水彩画展を開催。以後十数回、水彩画展、絵画・立体の個展を開催する。

著書　『さよなら、ハトおじさん』『小鹿おじさん、こんにちは』『おじさん、馬をかう』『トスカーナ夏物語』など。

シルクロード、ひと夏の旅

2005年5月15日・第1刷発行

定価＝2000円＋税

著　者＝伊藤 実

発行者＝林 利幸

発行所＝梟　社

〒113-0033　東京都文京区本郷2－6－12－203

振替　00140－1－413348番　電話03（3812）1654

発売＝株式会社 新泉社

〒113－0033 東京都文京区本郷2-5-12

振替　00170－4－160936番　電話03（3815）1662　FAX03（3815）1422

印刷・長野印刷

製本・関製本

十七年目のトカラ・平《たいら》島《じま》

稲垣尚友

四六判上製・二七七頁
二二〇〇円＋税

かつて放浪の旅のすえ、奄美大島で出会った風物と人間に金縛りにあったナオは、奄美の北、トカラ諸島の中ほどにある平島に住みつく。そこでの人と暮しを記録し続けて数年、思わぬ筆禍事件によって、追われるように島を離れてから十七年後、竹細工職人として一流をきわめたナオは、今浦島子のように、畏怖し愛執する島に戻る。巧まざるユーモア、人間味あふれる辺境の島の人と暮しを活写して、現代文明を鋭く照らしかえす会心の私記録。各誌紙絶讃。

密林のなかの書斎

稲垣尚友

四六判上製・三〇五頁
二五〇〇円＋税

『十七年目のトカラ・平島』で、二昔ぶりの帰島を果たしたナオは、その翌年、再び島にわたった。だが、あらためて見れば、かつてナオが、その前近代性を指摘して筆禍事件のもととなった島の古い体質は、この二十年の間に確実に変様し、一方で、ナオが原初を夢想した往時の島の活力もその面影を失ったかに見えた。ナオは、中央と辺境の差異を解体され、成熟は喪失の謂でもあった島のわが民俗社会の生きざまを新たに記録するために、密林の中に板切れ一枚の書斎をかまえる。

柳田国男の皇室観

山下紘一郎

四六判上製・二八八頁
二三三〇円＋税

柳田は、明治・大正・昭和の三代にわたって、ときには官制に身をおき、皇室との深い関わりを保持してきた。だが、柳田の学問と思想は、不可避に国家の中枢から彼を遠ざけ、その挫折と敗北の中から、日本常民の生活と信仰世界の究明へ、日本民俗学の創始へとむかわせる。従来、柳田研究の暗部とされてきた、柳田の生涯に見え隠れする皇室の影を浮き彫りにし、国家と皇室と常民をめぐる、柳田の思想と学問の歩みの一側面を精細に描く。各誌紙激賞。

反復する中世

海人の裔、東国武士と
悪党、世直し、俗聖

高橋輝雄

四六判上製・四六二頁・図版多数
三〇〇〇円＋税

日本列島は南西部から次第に東進し、北上する形で開拓されていった。その主体をになったのは列島南西部に一大拠点を築き上げた海人達であり、繰り返される海人の東進、北上、陸上がりによって古代から中世社会は切り拓かれる。交替する権力構造を現実的に引き継いだ海人の末裔たる東国武士団と辺境の開拓武民たちを一方の軸に、そこから流離して生きる無頼の自由人悪党、世直しの一揆衆や俗聖らをもう一方の軸に、動乱と闇黒の中世的世界の権力と民衆、信仰と思想の脈流を生き生きと照らし出す。

伝説の旅

谷 真介

四六判上製・三〇〇頁・写真多数
一九〇〇円＋税

東北各地に点在し、津軽半島から北海道へと生きのびる義経伝説。壇ノ浦から沖縄先島まで落ちゆく平家の伝説ほか、キリスト兄弟、猫、てんぐのきのこ、鯨取り、キリシタン、津波と人魚、埋蔵金、環状列石、巨軀怪力の女酋長、ジュリアおたあ伝説など、各地につたわる伝説と歴史の真偽の検証、その光と影をたずね歩いた旅の紀行27篇。